$10000

Alejandro
Rodriguez
Pizarro

Nataly Navarro
Martinez

Es de la
Nataaa!!!

01/12/17

Kirkwood, Julieta 1936 - 1985
Ser política en Chile: Las feministas y los partidos [texto impreso] / Julieta Kirkwood. – 1ª ed. – Santiago: LOM Ediciones, 2010. 198 p.: 14x21,5 cm.- (Colección Escafandra).

I.S.B.N.: 978-956-00-0169-6

1. Mujeres en la política – Chile 2. Feminismo – Chile
I. Título. II. Serie.

Dewey : 323.340983.– cdd 21
Cutter : K59s

Fuente: Agencia Catalográfica Chilena

JULIETA KIRKWOOD

Ser política en Chile

Las feministas y los partidos

EN EL BICENTENARIO
LOM 20 AÑOS
1990-2010

LOM EDICIONES

Universidad de Chile
Sociología

LOM palabra de la lengua
yámana que significa **SOL**

SER POLÍTICA EN CHILE
Las feministas y los partidos

Primera edición, 2010
Primera reimpresión, 2017
I.S.B.N.: 978-956-00-0169-6

Serie Investigación Sociológica

Primera Edición, FLACSO, Santiago, Chile, 1986

Diseño, Composición y Diagramación:
LOM Ediciones.
Concha y Toro 23, Santiago
Fono: (56-2) 688 52 73 Fax: (56-2) 696 63 88
web: www.lom.cl
e-mail: lom@lom.cl

Impreso en los talleres de LOM
Miguel de Atero 2888, Quinta Normal
Fonos: 716 9684 - 716 9695 / Fax: 716 8304
Impreso en Santiago de Chile.

A mi madre, a mis hijos Pablo y Bebe,
y a Enzo Faletto, que fue el mejor
desafío para mi porfía feminista intelectual.

A Gina, Rochi y Maritza, por nuestras
exultantes conversaciones nocturnas de
mi primer viaje a Perú.

A todas mis amigas del Movimiento Feminista.

Presentación de la Tercera Edición

La decisión de reeditar el libro de la socióloga Julieta Kirkwood, formada en nuestra Universidad, se nos ha hecho tan necesaria hoy como lo fue su publicación en 1986 y su segunda edición en 1990. Es importante mencionar las fechas, porque están marcadas políticamente, como corresponde a una obra que es intensamente política.

Escrita en plena dictadura, cuando nuestra Universidad estaba secuestrada, para la mayoría de los sociólogos y sociólogas era difícil encontrar espacios para desarrollar sus quehaceres. También era más urgente que nunca lo imprescindible de unir teoría y práctica, y Julieta encarnó como pocas y pocos el compromiso intelectual y cotidiano con las luchas contra toda forma de opresión.

Ella puso por escrito y con su voz, en las aulas y en las calles, la denuncia de la más naturalizada de las dominaciones, la que ordena el mundo en espacios diferenciados y jerarquizados para hombres y mujeres. Y tuvo la maravillosa insolencia de voltear la mesa y poner el conocimiento al servicio de las oprimidas, romper los nudos, juntarse con otras, dejar atrás la sorna y la sospecha, y exigir "democracia en el país y en la casa".

Pero estos nudos han resultado mucho más resistentes. Y la obra de Julieta sigue siendo tan actual y útil para el trabajo sociológico y para el movimiento feminista chileno y latinoamericano como lo fue entonces.

Este texto instala en Chile y en América Latina las bases teóricas y epistemológicas para observar críticamente, desde la perspectiva de género, nuestras relaciones cotidianas, las políticas públicas, las organizaciones y movimientos sociales, los imaginarios e ideologías, entre otros ámbitos de interés para la sociología y las ciencias sociales. La obra de Julieta complementa el oficio sociológico con otros enfoques que aportan a la integralidad de los análisis emancipadores: clases sociales, etnicidad, generaciones, territorialidad, entre otros. La perspectiva de género enriquece estos esfuerzos, que buscan dar cuenta de los dinamismos y pluralidades de los fenómenos sociales.

Con esta publicación reafirmamos el compromiso de nuestro Departamento con una sociología crítica, develadora de toda injusticia, y con la construcción de una sociedad democrática, donde hombres y mujeres puedan vivir relaciones equitativas.

Queremos recordar también a quienes colaboraron a ordenar los textos en la primera edición de FLACSO-Chile: Ana María Arteaga, Rosita Aguirre, María Inés Bravo, Eliana Largo, María Antonieta Luna, Magali Meneses, y a quien se encargó de la coordinación general, Teresa Valdés.

Agradecemos la buena disposición de los herederos de los derechos legales sobre la obra de Julieta, quienes han autorizado la publicación de este libro. También agradecemos al colega Juan Manuel Cabrera Ullivarri, quien estuvo al cuidado de la presente edición y de generar las condiciones para llegar a buen puerto.

SILVIA LAMADRID ÁLVAREZ
CLAUDIO DUARTE QUAPPER

Núcleo de Investigación Género y
Sociedad Julieta Kirkwood Bañados
Departamento de Sociología
Universidad de Chile

Y algunas palabras

Este es sin duda un libro de historia. De una y muchas historias. Una historia que recorrió las áridas pampas nortinas, abandonó salones, se introdujo en aulas y conquistó plazas y calles, liceos y derechos.

Es la historia, también, de un querer ser, y sin embargo continuar reducidas en infinito al silencio. Silencio que niega lo que somos y lo que hacemos; que refuerza el aislamiento, que rechaza una realidad como la nuestra.

Para nosotras es, además, la historia de una voluntad, la de Julieta, que logró laboriosamente transformar ese silencio en voz, grupo, fuerza, letra, grito y causa.

Y es la historia de este libro, más allá de un 8 de abril, cuando ese mismo silencio que en tantas ocasiones juntas hicimos acto, lo sentimos más pesado que nunca.

Mayo. Tiempo de desconcierto.

Junio. Recorremos sus libros, las carpetas de colores, los recortes, sobres con notas, apuntes y comentarios; sus documentos y artículos ahí estaban, entremezclados con otros que aún esperaban momentos más propicios para ser publicados.

Fotos, cartas, más libros, imitaciones postales, revistas; un afiche de recuerdo y un poema inédito. "Tengo ganas de salir a la calle con carteles y encontrarme en multitudes para cambiar la vida..."

Julio. Agosto. Brasil, el III Encuentro Feminista: un paréntesis de presencia y fiesta. Y la reconstrucción del nosotras.

Septiembre. La pregunta nos sigue a cada una y todas. ¿Qué pasa con el libro de Julieta? Yo ya no tengo respuesta.

Octubre, Tere Valdés es convincente. Superó el temor al desafío y a reanudar una conversa: los 8 documentos (¿se te ocurre cómo armarlas?), dos que dejó terminados, listos para tipearlos. Ficheros, archivos, borradores, ideas para futuros proyectos, entrevistas, pensamientos a veces fragmentados, escritos para el prólogo; la dedicatoria, algunos títulos posibles, la propuesta de capítulos, tantas veces re-ordenada. Y todas sus notas manuscritas, siempre en papel rayado, de cualquier tamaño.

Acepto, el compromiso es colectivo. Noviembre, diciembre, enero, Trabajamos contra el tiempo. Hacia fines de febrero, el original está en prensa.

Marzo. Cumplimos. Estamos contentas: no solo fue un diálogo, también el re-encuentro,

Ana María Arteaga
En Santiago, fines de verano, 1986.

Prólogo
Por qué este libro y el rollo personal[1]

Durante el mes de octubre-noviembre de 1984 la discusión política se abría en abanico y se había repetido el prodigio de reproducir, calcada, la vieja, querida, antigua correlación de fuerzas de lo que este país fue por veinte, treinta, cuarenta años.

Se evidenció públicamente por primera vez, en las elecciones de la FECH[2] (ver *El Mercurio* con bronca). La izquierda y el centro arriba, una derecha no-democrática de contenido adicta al Gobierno que no alcanzó al 10% luego de once años de control y vigilancia activa.

En ese mes asistí a 30 reuniones del Movimiento Feminista, una del Movimiento de Mujeres por el Socialismo, dos del Bloque Socialista, una en CEPAL, asambleas semanales; tuvimos un entredicho con el MEMCH,[3] que fue para nosotras como un buen remezón que equilibró y asentó nuestra relación de mujeres políticas; personalmente, una ponencia sobre Feminismo y Política y otra charla más; asistí a Lima, a Buenos Aires; leí y comprendí varias cosas, realicé dieciséis entrevistas a mujeres políticas y feministas para un próximo libro; asistí a las convenciones de las mujeres socialistas de Buenos Aires; pensé sí o no; estricto y sobreestimando, el problema de la mujer se hizo grande, difuso e importante; varias sociólogas, abogadas, historiadoras, comenzamos a preocuparnos de ponencias y comentarios; hicimos siete salidas a la calle con el lema "democracia en el país y en

---

1 Todas las notas al pie incluidas en el prólogo fueron hechas por la 1ª Edición del libro.

2 Federación de Estudiantes de Chile.

3 Movimiento Pro Emancipación de la Mujer Chilena: aunque lleva el mismo nombre que su antecesor, fundado en 1935, se trata en este caso de MEMCH '83, organismo creado por diversas agrupaciones de mujeres como coordinador de acciones conjuntas de movilización e instancia de reflexión y discusión.

la casa", (lienzos/pancartas breves, como breves son las flores; feministas presas, golpeadas; escribimos, protestamos).

La pedimos para ahora, urgente; el feminismo se hizo palabra y sentido común. Como decía Judith A.,[4] un año atrás, ya era "impresentable" no tener un par de ideas decentes sobre el tema.

Mi última entrevista con Chela B.[5] entusiasmadas, las 2 A.M., el toque, el silencio, el miedo (¡Dios mío!, dije infinitas veces de cara a cara en el silencio frío).

Pasé revista como en línea –el cine de película muda–; revisé en esos instantes los diez años, el desborde UP,[6] el desborde hoy, otro reventón de expectativas, conmiseración de que todo es inútil, señores militares, por ignorancia de la condición humana que no reventón de revoluciones; pero el camino quedó, y sedimentado de que eso no.

Fue la última entrevista mi abanico dibujado en cierto sentido.

Entonces el bando burdo, grotesco, torpe, que cerró el camino alegre de los aprendizajes. Pero esta vez por más que sus mensajes fueran a las mujeres, por y para distinguidas damas, nosotras, su radiografía, detuvimos algo y nos pusimos a pensar; un atisbo, un giro; experimentamos los grupos y experimentamos la política; en cinco años recuperamos cincuenta, las manos feministas sufragistas con nosotras (Aída, Elena, Olga y tantas otras).[7] Reconstruimos la trama de lo invisible y nos planteamos romper con lo privado; tuvimos un gran valor: herejes de darlo vuelta todo sin vergüenzas, con nuestra cara ahí; las oleadas de culpas nos dejaron intocadas y fuimos a un lado y otro; de popular a pije descubrimos condición de género; descubrimos, descubrimos y con pasión, con risas, peleas duras, reflexiones difíciles, seguimos, abrimos Círculo, abrimos Casa,[8] abrimos libros, hasta la Librería Lila de Mujeres; enfermas de porfiadas, lo veo ahora; personalmente pude sucumbir varias veces por lápidas científicas,

---

4 Se trata de Judith Astelarra, socióloga y teórica feminista española, autora de diferentes trabajos sobre la mujer.

5 Se refiere a Graciela Bórquez, hoy subdirectora nacional del Departamento de la Mujer del Partido Demócrata Cristiano, y miembra de "Mujeres por la Vida".

6 Unidad Popular.

7 Aída Salas, Elena Caffarena y Olga Poblete.

8 Se refiere al Círculo de Estudios de la Mujer, y a la Casa de la Mujer "La Morada".

filosóficas, afectivas; pero enferma de porfiada –no podía ser de otra manera–, colgada mi voluntad y mi deseo de una utopía tan vaga que me la reservo, pero que está muy próxima a las ideas de la universalidad y el aire fresco de la libertad; impertérrita seguí adelante: feminista, poco seria, que si la formación teórica, que si muy difícil, que si hermética, que si teórica, que si no popular. Ensayando suavidad y huecos, palabras femeninas, dije lo que había de decir; me subí al valor de hacer un curso, otro y otro más; lo escribí con pelos y señales, viajé a Viña una vez por semana y repetí lo mismo; rellené innumerables papeles chicos repletos de síntesis, de expectativas, de códigos y claves que me resonaron claros.

Cada día me hice una nueva síntesis: me hundí en el orden de la filosofía, busqué el orden de la ciencia, me inmiscuí en religiones antiguas como historia, el privilegio hecho verdad de los tres órdenes.

Ahíta de polen, de palabras, me faltaba la línea multiplicada que pudiera converger este atochamiento de letras. Usé otro estilo. Hice mi descubrimiento más querido: los nudos feministas. Mi licencia.

En esta pasada de la historia me toca estructurar este libro entre signo y signo (pensando qué va dentro, qué va primero, qué después; tal vez más que un libro, un archivador primitivo para la historia feminista), reuniones clausuradas, reviso papeles archivados, acumulados primitivamente para la historia que parece corresponder ahora. Las mujeres sabemos de repliegues, de silencio, de mirada de sonrisa amainada en pequeño cuadro de atractivo envolvente universal de origen; reviso papeles que luego toco amarillos o sepias… las mujeres hicimos otro tanto de historia, hasta hoy el segundo turno.

Mientras usted, patriarca ridículo, escupe y carraspea y vocifera poder en bandos seriados, yo ordeno y compagino mis papeles, acumulo y pavimento en letras. Y me siento en eso un buen tanto irreductible. Usted no lo puede todo, bien mirado. A usted, patriarca entre los patriarcas, yo me opongo hasta con mis silencios. Veo el punto con punto de una red antigua desde las bacantes, los moros, hostiles a las brujas, los griegos, los nombres conjugados, las brujas quemadas siempre resistiendo ser las profesionales de la vida desposadas con los profesionales de la muerte.

La certeza: aun instalado en su fuerza, usted no podrá accederme.

(Y pensaba en dos libros, en dos tomos; uno muy ordenado de ideas y otro de tiempos: la historia, las historias. Hay que tener niñas bonitas).

En cierta ocasión nos planteamos una revisión del convenio Naciones Unidas y pasando revista a todo –que nos parecía un camino adecuado para plantear demandas con respaldo universal–, nos detuvimos en dos aspectos. Uno, qué posibilidades había de que estos planteos o normas pudiesen ser invocados como prueba y dónde, en el caso de su incumplimiento. En una reunión se me respondió que efectivamente ese era un tema de futurología y que no estaba dentro del temario acogerlo.

La segunda cuestión afortunadamente ni siquiera la planteé, pero me sigue rondando. Tenía que ver con el hecho mismo, constitutivo de discriminación, contenido de la forma y tipo del conocimiento mismo y de su empleo así como de las formas que se consignan adecuadas para elaborarlo y transmitirlo. Más claro: mi pregunta fría no formulada tenía que ver con lo que las feministas llaman "sexismo en las ciencias" y que ha tenido desarrollo en varios interesantes artículos (Astelarra, Barcelona). Una idea vieja: que a la larga lista de discriminaciones habría de unirse aquella que se produce en la generación del conocimiento y en el lenguaje usado para transmitirlo.

Afortunadamente no hice esa pregunta (sí incluirla en la lista como primera o última categoría o con paréntesis abierto) porque en ese momento lo pensaba mal; muy a la bruta, estaba dispuesta a declarar a la Ciencia misma sexista, por lo tanto, a la posibilidad de conocer misma; lo ontológico mismo como masculinamente determinado y yo (nosotras) definitivamente fuera, intentando construir el propio esquema del saber. Era atractivo, una negación absoluta: soberbia, los niego a todos; cierro mis ojos y no estáis más, hasta abrir nuestra mirada limpia, mirada abierta.

A veces los días simplemente me llevan de uno en otro con ese gusto de cambiar de libros y espectáculos. No fue solamente la pelea con el connotado cientista social que precipitó su trascendencia contra la definitoria de mi negativa rechazante de la ciencia a su caída; tampoco fue ver el culebreo inquieto del debate feminista que por allí surgió con esas inmensas develaciones que lo otro nada de nada… no.

Más bien la conciencia, el rasgo afortunado de la duda indagadora que vuelve una y otra vez al escenario y recién ayer el aliviado sentimiento de no haber procedido en definitiva sino en esa suerte particular de milagro que se llama duda y que a veces se expresa en "¡cielos, lo veré mañana!"

Así no más vi que la ciencia afirma, construye, prueba, pero que más importante también posee ella (¡ella misma!) los elementos para autonegarse y así se explica que una misma ciencia se autorrelativice en pera, en manzana, en plato, en arriba y abajo, en polos magnéticos, en universo y átomo; y todo sujeto a revisión por mecanismos que en ella misma se contienen y que mi pelea absurda de negar la ciencia era un escamoteo a investigar la forma en que puedo preguntarla, interrogarla, leerla y construirla en lo que a sexo atañe.

Esto tiene varias repercusiones que son minirrevoluciones transistorizadas casi para mí. No soy como mujer una extraña a la historia; no me estoy subiendo hoy, sino que he estado siempre, pero en esa condición de historia fría; tal parece que no se mueve, que no rueda, que siempre ha sido –necesaria– y será siempre –rutina– al punto de que nos olvidamos de ella hasta que nos falta: y solo falta cuando se revoluciona denotando un movimiento tal que parece que se moviera una larga sombra antes familiar y la hace tenebrosa como un temblor de tierra monstruoso porque es imprevisto, no predicho, no controlado.

La idea que aparece es la del monstruo dormido unido a palabras como inquietante, miedo, ¡cuidado!, ¡no se juega!

No ser extraña a la historia es no ser extraña tampoco a la formación del conocimiento y la ciencia. ¿Se trata de la otra conciencia invisible o se trata de un saber eternamente expropiado, alienado? Recordemos las palabras fármaco = fórmula = bruja (por el lado de las hierbas), bruja = es la primera síntesis de la mujer y naturaleza que fue la medicina y en el fondo la actitud de ciencia: investigar = curiosidad, administración, mantener, cultivar, elaborar (cestos, mimbres, tiestos, telas) y aun maternidad; mi cuerpo poderoso excede mi voluntad de crear: soy apenas referente de mi cuerpo poderoso; en él confío y con él me duermo, me duermo inmensa, íntegra; percibo mi poder y lo leo en tu carencia; miro tus afanes de pequeño constructor desde mi infinitud, te amo, comprensiva me enternecen tus furias; tus pies en el barro, tus desplantes, tu propia búsqueda que conozco inútil a mi paralelo, sonrío; también pude hacerte yo, puesto que fue otra de nosotras dentro de la circunstancia. La vida es la circunstancia femenina.

"Esa pantera postergada en su plenitud después del acecho y el asalto. Ahora está allí, cazada, separada, privada por aquel que no abandona jamás el acecho porque solo el acecho es su plenitud, su idéntico a sí mismo, cazador, monótono, sin elección".

En este "aire" se mueve mi planteo dentro de los movimientos sociales; aparece en estas últimas dos décadas con fuerza el movimiento de mujeres (quisiera decir feministas pero empiezan a moverse muchas mujeres, organizar centros, grupos, etcétera... que no siempre son idénticas, como expondré más adelante).

El debate y el análisis sobre movimientos sociales ha aparecido en mi país (me imagino que en los otros también) no como tema en sí, sino como contrarreferente del tema de los partidos políticos; re-debate: ¿gozan de una especificidad propia, organización propia, demandas propias? ¿Cuál es su relación a los órganos partidarios? ¿Cuáles son sus relaciones de política a política, de sujeto a objeto, de sujeto a sujeto? ¿Son la otra cara contextual determinada de los partidos? ¿Son la idea más suelta, menos rígida, pero también menos vigilante?

Muchas veces son los personajes usuarios de los mismos espacios que nos encontramos en el partido, cambiando de local y de giro en el local del movimiento; otro giro y más allá –los mismos– en mesas de concentración y/o acción unitaria. Naturalmente con cada traslado material se es portador de similar cuota de tendencia. La ficción es ahora en límites de lo extraordinario. He visto en ocasiones declarar: en esa mesa estuve por NN y pensé que además podría representar a N menos 1.

Organizacionalismo, soltura ¿les gusta? Veamos los límites rigurosos.

Dejando fuera el cinismo: hay movimientos sociales que lo son, que son prioritarios para sí mismos y que generalmente no tienen, mayoritariamente, otras múltiples tal vez militancias –aunque sí simpatía generada por las tendencias ya sean democráticas o revolucionarias– aunque éstas últimas también se denominan democráticas. La sutileza de la diferencia se aprende en el prelenguaje de la inserción o en el tono de la voz o en ciertas palabras claves; pero ese es otro estudio.

(Escribo estos datos por las "curiosidades": el ensayo político que es a fin de cuentas el movimiento de mujeres).

Me interesa aquí tomar a los movimientos sociales, y dentro de ellos al movimiento de mujeres, en dos sentidos restringidos.

El primero, usando la compendización de Touraine[9] y otros en el sentido de "que son más lo que pretenden que lo que efectivamente son"; y en este sentido planteo principio de identidad, principio de oposición y principio de proyecto. Dentro de esta amplia definición intentaré precisar, o más bien insinuar, una forma de caracterización de dos grupos de mujeres: "las feministas" y "las políticas"; plantearé o insinuaré las líneas por donde estoy abordando su estudio en una investigación larga y rara que tiene mucho de investigación–acción, en el sentido más restringido de mi propia acción feminista dentro de varios colectivos; preciso este punto, pues de ahí derivan impresionantes faltas de precisión, no menos impresionantes pruebas vivenciales de lo que en el lenguaje intento explicar.

El hecho de poner en discusión a feministas y políticas, además de necesario, apunta a explicar uno de los temas más duros entre los movimientos sociales y partidos. Este conflicto, que en el ámbito de las mujeres se expresa entre las feministas y las políticas, puede –o no puede– significar un modelo reducido del complejo problema de quién será quien asuma y exprese con legitimidad los ejes, de punta a punta, de la emancipación.

---

[9] Se refiere a los trabajos de Alain Touraine.

El segundo sentido que quiero recordar en cuanto a los movimientos sociales es aquello que leí en negro-blanco; nuestra humanidad está en la certidumbre de un hecho: cualquier ideología, grupo político, religioso o secta social, feminista, ecologista, raza, que sienta el derecho de innovar demandas, defender, expresarse en un movimiento histórico dado, en un momento posterior de magnitud o fuente imprecisada, se transformará en estigma en la frente, huella de Caín, carne de cadalso, crímenes, cáncer marxista, politiquería extremista, tonto, hiena con falda, sufragista, come-macho, lesbiana, útil, raza impura, hereje...y procederá a ser apaciguado, separado, desaparecido, castigado y limpiado escrupulosamente en virtud de la ley oficialmente instituida en la nueva dimensión del poder, que ya es verdad que separa el bien del mal.

Esta característica induce al apasionamiento o al análisis más acucioso, permanente y preocupado de la variabilidad de esas razones humanas. Es lo que hizo Adorno[10] en Norteamérica respecto de la raíz autoritaria del comportamiento fascista. Es lo que humildemente quisiera hacer en mis trabajos de feminismo y política, siempre en pañales, no siempre acertados. Diré a mi favor, en el sentido más humanamente cierto, quisiera decir el feminismo soy yo. Pero, en fin...

Y una "vigilancia feminista" como dice Mary significa la constante puesta a pruebas de ideas y actos.

Quiero con mi atrevimiento alentar la publicación de los cientos de trabajos, ensayos, cuentos, poesías, que tantas mujeres durante tanto tiempo hemos escondido bajo las camas, en armarios oscuros. Necesitamos la confrontación y el juego de las ideas abiertas de par en par, millones de claridades, de pequeñas ideas.

No nos preocupemos, después vendrán la crítica, el análisis; primero la puesta ahí, en lo público, de la reflexión que fue privada.

Quiero agregar también que este libro ha gozado de bajísimos niveles de autocrítica. Incluso creo todavía en muchas cosas que escribí temerosamente hace cinco años y aún las veo vigentes, muchas ya transformadas en sentido común. Para quien opte por

[10] Se trata de Teodoro R. Adorno.

el disgusto o el rechazo, quiero repetir lo que dijera Beauvoir o Sartre: "Se lanza una obra al mundo y ésta ya no nos pertenece", pero soy responsable de lo que propongo y lanzo al mundo con mi pensamiento y mi acción, puesto que lo hago como modelo para el mundo.

Deseo tratar especialmente este conjunto de artículos reunidos en libro que, partiendo de una necesidad de inquirir en el pasado desde nuestro feminismo presente, es también una documentación de cómo el interés por el feminismo se fue desarrollando en los pequeños y ahora crecientes grupos de mujeres en los que participé activamente, seguramente con más ira que estudio, como se dice en uno de los artículos y como se evidencia en otros. Pero los sentimientos son parte simbiótica de nuestro movimiento. Escribir con ellos es ponerlos como objetos frente a nosotros y conocerlos con voluntad y libertad.

Julieta Kirkwood
Marzo, 1985

Capítulo I
La formación de la conciencia feminista[11]

Historia

Ha señalado Jean-Paul Sartre que descartar las contradicciones entre la universalidad de los supuestos científicos del conocimiento propuestos por la cultura dominante, y la particularidad que asumen las experiencias concretas de su aplicación en el medio ideológico, es la tarea que corresponde a toda investigación sociológica comprometida. Desde esta perspectiva, los caminos y los fines que el proyecto emancipador global propone a la sociedad para el logro de un sistema de relaciones más justo, deberán ser constantemente puestos en cuestión a fin de tomar en consideración a los nuevos sectores sociales emergentes, y de incorporar al cuerpo teórico social los nuevos matices, dimensiones y expresiones de la gran lucha por el cambio.[12]

Al amparo de estas consideraciones nos planteamos la necesidad de analizar el problema femenino en la sociedad chilena para determinar cómo se manifiesta, a partir de la inserción social de las mujeres, esta contradicción señalada entre los postulados universalísticos de la igualdad, basados en la ciencia y la cultura burguesa occidental, y las vivencias concretas de opresión que ellas experimentan.

Cuál es el grado de conciencia que se tiene de la situación en tanto grupo; cuál es el carácter de su emergencia como sector

---

[11] Nota de la 1ª Edición: Este texto, con algunas correcciones, fue originalmente publicado como Material de Discusión N° 7 por el programa FLACSO-Santiago, en octubre de 1980 (Kirkwood, J., 1980). Correspondía en realidad a un conjunto de proposiciones de un proyecto del mismo nombre formulado, no para abrir el debate feminista, ni menos para cerrarlo, sino tan solo para entregar un aporte desde las circunstancias chilenas a una problemática que ya era asumida en su significación política, social, económica y académica en casi todos los lugares de la Tierra.

[12] Sobre el rol del intelectual comprometido, ver Sartre, Jean-Paul (1976).

diferenciado, y cuáles son los matices que su propia demanda le imprime al proceso de cambio global, son en términos gruesos los grandes problemas que nos proponemos investigar en torno a la mujer chilena. Se partirá del supuesto de que, desde el momento mismo en que esta contradicción entre universalidad y particularidad se verifica, quedará también determinada la posibilidad del surgimiento o de la formación de una conciencia contestataria femenina, la que, en tanto posibilidad, podrá o no asumir expresiones sociales concretas. Ninguna de las formas en que se ha expresado históricamente la conciencia femenina colectiva podrá, para los efectos de esta investigación, ser atribuida a la transitoriedad de la moda, a un proceso de imitación desfasado, ni al reemplazo de actividades políticas más expresas o, en el momento actual, a una respuesta emocional o neurótica ante los avances del autoritarismo.

Por el contrario, todas esas formas de las más variadas dimensiones constituirían otras tantas expresiones de una *historia más significativa pero no escrita ni develada en su totalidad*, cuyos períodos de crisis, de brotes, de apariencia pública, no son sino hitos sobresalientes de la continuidad del proceso de formación de una conciencia global que el Orden les impone a las mujeres en los distintos sectores y clases; de una conciencia que ha cambiado y que ha aparecido disfrazada, siempre asumiendo las nuevas formas que la concreción de su contradicción fundamental le ha exigido.

Esta historia, sin embargo, ha permanecido invisible en tanto no ha sido narrada, reconocida ni expresamente asumida por sus protagonistas en cuanto sector social específico; y de continuo aparece subsumida bajo las diversas historiografías asumidas como reales. Asumir el pasado como realidad única es un elemento indispensable y necesario para la comprensión e interpretación de la realidad presente. El reconocimiento de las falsas imágenes construidas en determinado estadio de las relaciones sociales, permite apreciar distorsiones y desvirtuaciones de las imágenes presentes con respecto a la realidad. La recuperación de la historia femenina no escrita, desde una perspectiva que asuma su virtual liberación, nos permitirá entender mejor el por qué y el cómo de su opresión y emprender la búsqueda de los significados y los mecanismos de autosustentación de dicha opresión.

La historia femenina no diferenciada, sumida en los procesos sociales globales está, con apretada frecuencia, sesgada por una visión general masculina y contiene ese sello; está sesgada por recuentos estadísticos realizados con perspectiva ajena a su resolución, y fundamentalmente distorsionada en cuanto ha sido contada como una serie de hazañas espectaculares de mujeres individuales, con miras a la autoafirmación de ellas en el cumplimiento de su trayectoria convencional. Por el contrario, la recuperación de la historia propia de opresión y contestación de todo un colectivo de mujeres, permitirá satisfacer la necesidad de que las generaciones presentes conozcan su propio pasado real, con vistas a que su inserción futura no tienda, nuevamente, a la negación de sí mismas y a la reafirmación de su no identidad.

Cuando hablamos de una historia no escrita del movimiento femenino, no pretendemos señalar que existen varias historias paralelas de los diversos grupos dominados (como serían por ejemplo, además de la de las mujeres, la de las minorías o mayorías étnicas, la de los campesinos y los obreros), sino que existe una historia posible y real, oculta para la dominación misma, y que es la que se proyecta hacia la destrucción de toda forma de dominación.[13] En el abanico de relaciones de dominación, la de mayor elaboración y status teórico es la que se ocupa de las relaciones entre clases sociales antagónicas.

Sin embargo, la sola teorización sobre este conflicto o antinomia no expresa ni resuelve la total complejidad de las formas de dominación y discriminación, ni todas las contradicciones que en ellas se originan. Por el contrario, en la medida en que el conflicto de clases se transforma en el eje de la teorización y de la práctica política de la totalidad de los sectores protestatarios, debe necesariamente asumir con similar urgencia los problemas que implican las otras contradicciones sociales emergentes. De no hacerlo así, no resultará idóneo para conducir el proceso general

---

[13] La idea de una historia oculta posible y no escrita, que surge desde los sectores dominados dando cuenta de las formas que adquiere para ellos la historia de la dominación, se desarrolla en: Baño, Rodrigo, Faletto, Enzo y Kirkwood, Julieta (1978).

de liberación social y se resolverá, probablemente, en nuevas formas de dominación y en nuevas rigideces.

A la inversa, en un sistema político como el del Chile actual, en que se cierra totalmente la posibilidad de expresión de los proyectos globales de la liberación económica, política y social, es más probable que lleguen a hacerse manifiestas aquellas demandas específicas, como la reivindicación feminista, en tanto no aparezcan aún expresamente vinculadas al proceso político global de liberación.

Al respecto, podríamos hablar de tragedia y de responsabilidad del proyecto político popular alternativo: su responsabilidad es cumplir con la necesidad de inclusión de *todas* las dimensiones y de todos los sectores sociales en su formulación. Su tragedia es que la no consideración y la evasión de aquellas dimensiones en lo que respecta a las mujeres ha precipitado, en diversos momentos y ámbitos políticos, un similar fenómeno social: la opresión femenina deviene en reacción.[14]

En este sentido puede apreciarse en Chile que en los momentos de mayor profundización democrática y mayor participación social y política, el movimiento popular en su conjunto no asumió –ni política ni teóricamente– ciertas categorías de problemas reivindicativos más específicos, los cuales se suponían automáticamente resueltos por la gran resolución del "conflicto de clases fundamental".

Tal fue el caso del problema femenino, que pasó a ser efectivamente manipulado y agitado por los sectores más reaccionarios en contra del proyecto popular. En la actual situación de fuerte autoritarismo político-social, que niega la existencia misma del conflicto social global, emergen dichas reivindicaciones femeninas sin encontrar, aparentemente, más obstáculo o rechazo que la negación de su validez específica, o

---

[14] Como ejemplos, además del caso de Chile en 1972 con el "movimiento de las cacerolas vacías", está la movilización reaccionaria de mujeres en Brasil y Argentina. En la misma línea de conducta se inscribe la votación por el "SI" en el plebiscito del 11-9-80, en donde la efectividad de la movilización desde y hacia la derecha, de una amplia mayoría femenina, una vez más fue claramente perceptible. Una revisión más exhaustiva de estos significados surge como desafío a la labor presente, considerando claro está, los elementos que hacen discutible dicho acto electoral.

el desinterés tanto por parte del oficialismo como de importantes sectores ligados a la oposición democrática y popular.[15]

Es necesario tener presente, sin embargo, que en tales circunstancias el movimiento femenino emergente podrá quedar realmente desarticulado del proyecto global de liberación y éste aparecería, nuevamente, insuficientemente formulado.

Hasta aquí algunas de las consideraciones en cuanto a la importancia para la sociedad global y su alternativa democrática, del planteamiento de la problemática femenina.

La relevancia de la incorporación académica del tema aparece en primer lugar avalada, al igual que toda temática con referente político-social, por el manifiesto rechazo de las universidades chilenas a realizar la búsqueda de conocimiento objetivo en áreas conflictivas.

En cuanto a la naturaleza misma del tema de la mujer en el ámbito académico, son varios los desafíos. Primeramente está la dificultad en precisar el *objeto* a estudiar: ¿qué significa qué son las mujeres? ¿Cómo conectar las reivindicaciones femeninas con la situación histórica específica de las masas? La cuestión femenina, ¿es una herencia o la prolongación de clase del marido, del padre? ¿Cuál es su posición al interior de las fuerzas productivas? Cómo la mujer puede definir su situación como sector que no tiene contrapartida con otras clases o grupos dado que:

- No está clara su situación al interior de las relaciones productivas ni puede objetivar su situación de trabajo, esencialmente doméstico, como sí pueden hacerlo los obreros;
- Su trabajo, su explotación, no tiene pago, siendo efectivamente "su trabajo" toda la producción y reposición de la fuerza de trabajo;
- Es reducida a "su rol femenino", "su función biológica" y, por tanto, carece de una identidad de ser que le sea propia. Es meramente un vínculo;
- Existe dificultad para expresar teóricamente su condición, la que es inicialmente de opresión, de difícil proyección al mundo.

[15] Creciente y positivamente los "departamentos femeninos" han intentado teorizar sobre el rol de la mujer y su participación en este período del impuesto receso político, lo que ha quedado de manifiesto en encuentros de mujeres.

De allí la necesidad de un tiempo largo entre la denuncia, la toma de conciencia y la elaboración teórico-objetiva de la condición de la opresión lo que, al decir de Jean-Paul Sartre, no representaría en ningún caso un obstáculo negativo, puesto que "la teoría *se hace* en la praxis".[16]

Está también la dificultad en incluir como objetivo de estudio de las ciencias sociales y políticas, aquello que tradicionalmente ha sido considerado un problema privado, personal o, a lo sumo, un problema de pareja.

Finalmente, existe la tendencia a la reducción del problema a datos cuantificados en cuotas de participación política, laboral, sindical, etc., desconectando sus significados del sistema global de relaciones sociales.

Para analizar este punto, un problema adicional: la inexpresividad del lenguaje científico y la pérdida de contenidos que significa, para la demanda feminista, la traducción a lo académico de una demanda que está en los inicios de su expresividad donde, más que un fenómeno social concreto, se tiene una serie de manifestaciones de acontecimientos cuasi individuales.

Sintetizando, con el presente trabajo se pretende contribuir a ciertas cuestiones sociales y teóricas fundamentales del momento presente en el problema de la mujer.

¿Es posible construir un proyecto político alternativo de liberación y democracia donde sea efectivamente resuelto el problema femenino? ¿Quién debe formularlo? ¿Cuáles son las interconexiones de la virtual liberación femenina con la liberación social y cómo fue esta relación en la historia y cómo es hoy en día? ¿Cuáles son las nuevas categorías a incorporar en el análisis? ¿Es válida la oposición tajante entre lo público y lo privado, entre lo racional y lo afectivo, dentro de una concepción de la historia y del cambio abierta al devenir? ¿O es más expresivo asumir la complejidad creciente de las categorías culturales?

En profundo contraste se ubicaría la concepción del autoritarismo para la mujer, que no solo le niega el salto al porvenir para superar lo insostenible, sino que, en un continuo lamentar la pérdida de los "buenos tiempos" de la femineidad, se plantea

[16] Sartre, Jean-Paul (1963).

la misma salida que a su vez planteó la vertiente reaccionaria del romanticismo en Europa: de espaldas al futuro, se vuelve a valorizar el pasado sin elaborarlo, comprenderlo, ni mucho menos rebasarlo, en un extraordinariamente confuso culto a la diferenciación de derechos y obligaciones "naturales", que para lo femenino implica una clausura de sus posibilidades humanas.

1. Desafíos y propósitos feministas

La perspectiva feminista promueve y destaca, tanto a partir de la presencia femenina en la historia como en el momento presente, la necesidad de estudiar, comprender y explicar los contenidos y demandas de los distintos movimientos femeninos, no reduciendo su problemática a cuantificaciones de participación política, laboral, sindical, sino que tratando de captar su más profundo significado de contestación frente a un orden tradicionalmente discriminatorio hacia las mujeres, así como relevar sus aportes, latentes o manifiestos, al proyecto de cambio global.

Trataría, en otras palabras, de desacralizar el análisis de lo femenino. Éste *no se realiza* a partir de un individuo ni de un grupo que posea una identidad, una personalidad integrada, sino que debe arrancar desde sujetos que aún no son tales sujetos.[17] Es desde allí que debe enfocarse el por qué y el cómo de la opresión y de la toma de conciencia de esta opresión, y las formulaciones para su posible negación.

Las feministas nos proponemos una inmensa tarea que tal vez nos sobrepase en dureza, mas no en entusiasmo. ¿Cómo se concretiza dicha opresión y discriminación de las mujeres en distintos momentos de la evolución social? ¿Cómo son asumidas –o no– por el proyecto popular? ¿Cuál ha sido la real participación político-social de las mujeres? ¿Qué fundamento ha tenido su adscripción de clase?

Finalmente, es preciso establecer el lugar o papel específico que la actual condición femenina –no contestataria– tiene en el proceso social total; cómo esta condición afirma o reafirma

---

17 "La mujer no nace, es hecha por la sociedad y la cultura", sostiene Simone de Beauvoir (1977).

el autoritarismo y qué significa esto para la posibilidad de recuperación democrática.

El análisis feminista se propone develar algunos mitos respecto a lo femenino e integrar su reflexión al contexto histórico. En este sentido, la clasificación de las mujeres según jueguen un "rol pasivo" o un "rol activo" es una falsa diferenciación. Lo definido como pasivo, lo femenino, es en verdad un agente tremendamente activo de reproducción de lo establecido y del inmovilismo político-social, cualidad que salta con las crisis, con los quiebres o rupturas sociales, con los cambios revolucionarios. Recordemos la movilización de las cacerolas y la participación electoral femenina de izquierda, por debajo de un 18%, en el período de la República de Chile.

Otro inquietante problema plantea el *mito de la igualdad* en la incorporación social y política de ambos sexos. Nos encontramos con la imposibilidad teórica y factual de la igualdad, en un mundo diferenciado por la naturaleza del trabajo productivo y del trabajo doméstico. En situaciones mínimas puede afirmarse una integración igualitaria cuando exista, además, una integración de la mujer a la fuerza de trabajo general; pero esta integración no ha rebasado históricamente un 20% de la PEA (Población Económicamente Activa) femenina en Chile, ni menos ha rebasado un alto grado de discriminación al interior mismo de la PEA: un trabajo femenino que está mayoritariamente orientado al trabajo de servidumbre o accesorio, con sueldos y salarios diferenciados por sexo, es la tónica general.

Está también el mito de la clase social como único determinante de la movilización política femenina; éste parece ser un error de proyecciones voluntarias por cuanto la clase es vivida como secundaria por los sectores femeninos mayoritarios, y ha sido así históricamente. La política, la economía, lo social, son mediatizados por el marido, por el padre, pero, por sobre todo, por la ideología patriarcal dominante. Es más que probable que en el momento actual y en vista de la experiencia vivida por la situación de cesantía generalizada, la mujer haya sufrido un cambio en su rol económico, situación que sí podría modificar su autopercepción social, al mismo tiempo que inducirla a redefinir su anterior condición; pero este tipo de hipótesis debe ser muy cuidadosa.

Sería también de importancia para la investigación feminista levantar, a partir del análisis del presente como del pasado, las dimensiones políticas particulares del movimiento femenino, su evolución, dirección y orientaciones, para proporcionar antecedentes a los actuales movimientos de mujeres, en los cuales puede percibirse una cierta tendencia a la búsqueda de "organización" sin claridad en los fines y metas específicas de su movimiento, lo que claramente acabaría transformándonos, nuevamente, en organizaciones de base para otras decisiones más claramente establecidas por el lado de la tradición patriarcal.

Con estas reflexiones quisiéramos contribuir a que los objetivos anteriores ayuden a formar la conciencia de que la constitución del proyecto político total lo será también a partir de las marginalidades, una de las cuales la constituyen las mujeres. El camino hacia la inclusión social –democracia real– parte, como decíamos, desde todos los sectores excluidos, en una redimensión de los tiempos y espacios sociales y políticos.

2. Algunos supuestos teóricos

En el desarrollo de esta investigación esbozaremos una elaboración teórica ni demasiado acabada ni profunda, en parte producto del aislamiento internacional, del menosprecio de la actividad intelectual por la "peligrosidad" que representa toda idea nueva; en parte por la muy reciente recuperación del tema de la liberación de la mujer.

A modo de síntesis, estos supuestos podrían ser:

• Hay una historia no conocida ni reconocida de la mujer en Chile que se la percibe cuando sale a la luz en forma de crisis, de expresiones irruptivas de un proceso no aclarado y no develado, incluso para aquellos que lo han vivido en su generalidad;

• Estas crisis o momentos tampoco son claras expresiones de una reivindicación neta femenina; con frecuencia aparecen teñidas de contenidos valóricos e ideológicos contemporáneos a su surgimiento, los que oscurecen y disfrazan la posibilidad de un contenido femenino más propio;

• Las expresiones personales o geniales de presencia femenina pública, como "ejemplaridades", no nos hablan de esa nuestra historia oculta; la ejemplaridad no representa ni sustituye los procesos sociales;

• Desde los inicios de esta historia está presente la demanda femenina por la construcción de una sociedad no opresiva ni discriminatoria, de participación e incorporación plena. Ello incluye la exigencia de *ser persona* acorde con los cánones teóricos universalistas postulados por la sociedad políticamente constituida, más allá del ámbito de las declaraciones formales;

• La rebeldía o contestación femenina, como lo plantea Camus para *El hombre rebelde*,[18] surge cuando hay una "toma de razón" o de "conciencia de la contradicción" entre los principios universales de igualdad teórica propuestos por la organización social, y las vivencias concretas de desigualdad experimentadas entre los sexos. Siguiendo al mismo autor, esta toma de razón corresponde a una "razón informada" que es capaz de percibir la totalidad concreta de la sociedad y que es capaz, al mismo tiempo, de captar la constitución de la sociedad en sectores *discriminados* y *discriminadores* y la naturaleza de las relaciones que se establecen entre ambos;

• La conciencia que proviene de esta razón informada es *irrenunciable* al sujeto que la realiza. Su no visibilidad, su negación aparente, es obra del control ideológico hegemónico que actúa desde nuestra perspectiva sobre la mujer atomizada y aislada en su vida cotidiana doméstica;

• La rebeldía individual, para trascender el disgusto personal, necesita devenir en rebeldía *social*, ir más allá de la propia percepción de la discriminación. Es preciso reconocerla en todos los semejantes, reconocerla en otras, e identificarnos con las otras;

• La rebeldía social contiene, entonces, elementos de universalidad, en el sentido de que la búsqueda y la virtualidad de la nueva sociedad a construir se postula para TODOS, discriminados y discriminadores;

[18] Sobre las ideas de rebeldía y conciencia informada, ver Camus, Albert (1960).

• La virtualidad[19] de una nueva sociedad está también inscrita en la historia oculta femenina; es un proceso continuo de sucesivas tomas de conciencia de que el Orden, que es esencialmente discriminatorio, puede ser re-construido de acuerdo a un nuevo sistema de valores e ideologías, de relaciones concretas *alternativas* y no contradictorias.

La cuestión de la virtualidad, es decir, de lo que va a ser con algún elemento de *voluntad* desde los sectores dominados, en general se traduce en cómo desean o aspiran estos sectores que esta nueva sociedad se realice, y esto tiene que ver con el cómo quieren que *su* proyecto se realice.

En este ámbito, la historia femenina habrá de leerse como una historia que posee tiempos y espacios; que no obstante aparecer oculta al presente, se nos manifiesta en tanto nos permitamos leerla desde la perspectiva del *fin* que dicha historia persigue, y que no es otro que la búsqueda y la recuperación de identidades que nos son y nos han sido negadas a las mujeres.

Ello le daría un contenido de veras revolucionario a la protesta femenina, en tanto busca la sustitución del viejo orden tradicional en lo que es su base de sustentación: la organización de la vida cotidiana, que es una cuestión *concreta absoluta* y no abstracta, como sería por ejemplo la destrucción de las clases sociales. *La revolución en la vida cotidiana* sería la extrema precisión en el tiempo y en el espacio de un cambio social real para la sociedad en su conjunto.

Un movimiento contestatario se origina y realiza a partir de las exigencias de aquello que ha de realizar: la sociedad alternativa. De ahí, por una parte, la condición *progresista* del movimiento feminista en tanto busca la real concreción de un proyecto alternativo a la dominación y, por la otra, su carácter *universal* en cuanto aparece donde quiera que la sociedad se haya dado una constitución injusta en lo familiar y lo cotidiano.

---

[19] La idea de "virtualidad" la tomé prestada a Lefebvre, Henry (1972).

3. La cuestión metodológica

Dado que la diferenciación entre cuestión teórica y metodológica es puramente formal en un tema de la complejidad que es el de los movimientos femeninos, para el cual no existe un acabado cuerpo de teorías ni modos sancionados para abordarlo, en nuestra investigación establecimos una serie de pasos de procedimiento formal para su estudio, en el contexto de nuestra situación.

En primer lugar, expondremos cómo, en nuestra opinión, es posible la recuperación de la historia oculta femenina. Luego, y aunque planteamos un trabajo de recuperación del pasado, le daremos una vuelta al orden lógico y, a partir del *presente*, de los brotes de apariencia del feminismo, intentaremos desprender los grandes temas en que hoy se plasma la incipiente rebelión de las mujeres en nuestro país, para recuperarlos posteriormente en la historia y configurar así los matices y direcciones que ha seguido lo que hemos postulado como la "virtualidad del movimiento femenino".

En cuanto a la posibilidad de recuperación de la historia femenina invisible, pareciera estar dada por un conjunto de situaciones; entre otras, por la existencia de sectores femeninos con experiencia de participación política de izquierda, progresista y democrática, lo que les permitiría estar en condiciones de captar la totalidad social en momentos históricos concretos. Es decir, de comprender las interrelaciones entre sectores dominantes y dominados, al mismo tiempo que verificar las distancias que se dan entre la realidad de las vivencias de opresión y los postulados teóricos de igualdad que instituyen al sistema social.

Esta posibilidad de percepción se hace hoy más nítida, analítica y crítica que en otras situaciones, precisamente por la magnitud de la brecha que abre la "vuelta atrás" del inmovilismo político tanto en la sociedad en su conjunto, como en la especificidad femenina.

Está allí también la negación tajante, de parte del poder político imperante, de todo progresismo y/o socialismo como metas virtuales para la sociedad. Frente a esta negación, el pensamiento disidente se orienta hacia la búsqueda y recuperación de los verdaderos contenidos de la democracia y hacia su revalorización:

de allí surge la necesaria pregunta por la discriminación y la situación oprimida de la condición femenina.

Por último, el reconocimiento generalizado de la incidencia del "Movimiento de las cacerolas" en la caída del régimen constitucional de la Unidad Popular, y la consecuente reflexión en torno a algunas interrogantes: ¿son reaccionarias las mujeres?; ¿son revolucionarias?; ¿cuál fue el rol que se les atribuyó en el proceso de cambio?; ¿constituyen o no una categoría diferenciada al interior de la sociedad?; y si la constituyen, ¿cuál es esa categoría?

A fin de contar con referentes empíricos y actuales para la determinación de los grandes temas del movimiento femenino en Chile, se procederá a realizar una serie de entrevistas semiestructuradas a un grupo seleccionado de mujeres que cumplan algún tipo de participación en organizaciones femeninas de la oposición, sean sindicales, poblacionales, asistenciales o políticas.

El marco ideológico-cultural en el cual se dan estas expresiones femeninas es básicamente de *defensa* ante la pretensión hegemónica del autoritarismo. El proyecto de movilización ideológico impulsado por la Junta Militar será considerado aquí a modo de un *modelo reducido* que muestra perfectamente la funcionalidad, para ese modelo de dominación, del sistema de relaciones tradicionales para la mujer.

En dicho modelo se establece claramente cuáles son los límites del mundo de la mujer y del mundo del hombre, a través de una serie de mecanismos de refuerzo que pasan por la legislación, la educación formal e informal y la difusión de una ideología oficialista-inmovilista. Frente a esa suerte de sacralización de ambos mundos, la cuestión feminista se plantea en formas nuevas y con renovados propósitos de cambio. Anticipando esta etapa, a partir de nuestra participación y conversaciones con variados grupos y organizaciones de mujeres,[20] podemos avanzar algunos temas, sin pretender mayor exhaustividad:

---

[20] Especialmente importante fue la creación del Círculo de Estudios de la Condición de la Mujer, en 1979, y sus grandes Encuentros sobre trabajo doméstico, política, salud; sus talleres y cursos y publicaciones. También algunos encuentros de mujeres organizados por la Vicaría de la Pastoral Obrera en 1981, y el II y III Encuentros de Mujeres organizados por el Departamento Femenino

• Los problemas de las mujeres han sido siempre considerados como *privados*, individuales, de arreglo y ajuste personal. No se debaten públicamente ni menos aún académicamente. Cómo trasformar la propia condición en un problema *social* y que éste sea considerado un problema *legítimo*, es uno de los primeros debates producidos con variada diversidad de acentos.

• La vergüenza experimentada por la condición disminuida, –"nosotras no somos nada, no hacemos nada importante"– versus la percepción de que esta vergüenza puede ser transformada en *instrumento de lucha*; volverse contra la explotación del propio trabajo, es otro tema que adquiere un gran dinamismo en los medios femeninos de más tinte feminista.

• Cuestionamiento del autoritarismo y del patriarcado en la familia y la sociedad; el reconocimiento de las relaciones de poder dentro de la familia y su conexión con problemas estructurales y políticos; el reconocimiento de que las relaciones de la opresión son reproducidas por los propios oprimidos.

• La percepción de que no hay teorización político-económica y social global que explique los porques de la opresión concreta femenina; el descubrimiento de vacíos y lagunas; la comprobación de que las mujeres expresan su conciencia social a través de ideas, acciones e instituciones formadas predominantemente por hombres, y que solo pueden aspirar a conocerse en términos masculinos.[21] Se plantea la necesidad de repensar los modelos políticos alternativos en cuanto a esta dimensión.

• Rechazo a considerar a los sectores femeninos como una mera "contradicción secundaria". Revisión conceptual del origen de las contradicciones y discriminaciones.

Para sintetizar, en cuanto al reconocimiento de algunas de las condiciones objetivas que determinan la situación de marginalidad de la mujer, podría decirse brevemente que serían las siguientes: la reducción exclusiva al "rol natural" de un ochenta por ciento de las mujeres; la discriminación educacional y cultural; la discriminación laboral; la baja o escasa participación política.

---

de la Coordinadora Nacional Sindical, donde para muchas de nosotras empezó a arder el debate feminista, en el mejor de los sentidos.

21 Ver: Rowbotham, Sheila (1978).

En cuanto a las condiciones subjetivas, podríamos mencionar: la aceptación y sumisión a las determinaciones sociales del rol biológico reproductor; el exagerado desarrollo de lo afectivo como condición natural femenina en desmedro de lo racional; la identificación no en tanto sujeto, sino con aquello que la transforma en objeto: marido, hijos, hogar; el sentimiento de incapacidad laboral frente a otro sexo, producto de deficiencias formativas reales; la orientación hacia el trabajo profesional o de oficios que constituyen una extensión del rol doméstico: parvularias, preparación de alimentos, profesoras, enfermeras, servicio doméstico, auxiliares, camareras, secretarias, etc.

En consecuencia, entre las mujeres veremos una escasísima capacidad de participación en la definición de metas y objetivos sociales, políticos y económicos, salvo que sean planteadas como la defensa de su función natural.

4. Ideas para la periodización de nuestra historia

A fin de recuperar la virtualidad de la conciencia femenina en su desarrollo histórico, y guiada por los grandes temas que hoy la orientan para explicarnos las dimensiones presentes y prever sus dimensiones futuras, intentaremos una periodización de acuerdo a grados diferenciados y significativos de la formación de la conciencia femenina o feminista, en tanto "doctrina social que propugna la igualdad entre los sexos" (Real Academia Española), constituida a través de su inclusión o exclusión en la sociedad como miembro no diferenciado. A grandes rasgos, estos períodos, que no necesariamente guardan una secuencia temporal, serían:

- 1930-1950: la incorporación político-ciudadana; las luchas por el voto político; las dimensiones interpuestas; el carácter de la lucha; la concesión y posterior ritualización de la conducta política femenina en una suerte de formalismo.
- 1964-1970: la consideración de la dimensión social, política y oficial de la participación femenina en el período del gobierno Demócrata Cristiano, caracterizado por una inclusión creciente de las mujeres en ámbitos laborales y organizacionales.

• 1970-1973: la dimensión política homogénea: una igualdad no analizada. Corresponde a un período de participación política y social de la mujer durante la Unidad Popular con privilegio de lo político global y sin un énfasis consistente en lo propiamente femenino. En este período es posible observar:

–las anomalías del comportamiento femenino con respecto a su clase social de pertenencia objetiva;

–la escasa respuesta femenina al proceso de cambios, especialmente en el grueso de los sectores medios y medios-bajos;

–la ausencia de un planteamiento, de una conexión práctica e ideológica entre los conceptos de hogar y sociedad;

–la mediatización política sacralizada de las mujeres en cuanto madres, hijas, compañeras "de los trabajadores".

• 1973 : la negación del proceso democrático y la reafirmación inmovilista-autoritaria. Este período se caracteriza por la negación de la participación social y política en general, y su reemplazo por políticas concretas de ideologización y socialización de las mujeres de acuerdo a una redefinición del modelo tradicional de dominación de la mujer, redefinición que le asigna dos roles fundamentales que se traducen en dimensiones específicas de acuerdo con las distintas situaciones de clase:

a) como agentes esenciales del consumo, necesario para el modelo de economía social de mercado;

b) como reproductoras y mantenedoras de la fuerza de trabajo: producción de obreros y de gerentes dentro de pautas jerárquicas y disciplinarias.

Sin embargo, en este período, tanto el autoritarismo como su fase "modernizadora" (en cuanto eleva los contactos con el exterior), actúan conjuntamente sobre las conciencias femeninas, dándose socialmente un notable auge de rebeldías femeninas de diversos tintes, las que van desde la protesta abierta por la represión, a la generación de organizaciones novedosas de sentido reivindicacionista, comunitario y solidario. La profundización de la democracia vivida al interior de esas organizaciones, en contraste con las experiencias concretas de represión económica, política y social, acarrea una profundización de los contenidos protestatarios femeninos.

A riesgo de enfatizar demasiado en un solo período, intentaremos sintetizar las modificaciones que han alterado gravemente la condición femenina chilena en los últimos 7 años, y cuáles son las tendencias que al interior de sus organizaciones comienzan a expresarse.

El modelo económico vigente ha impuesto el trabajo asalariado a las mujeres en número sin precedentes y en condiciones absolutamente precarias. Para la gran mayoría consiste en un subtrabajo, generalmente doméstico (empleadas de servicio, lavado ajeno), o de venta ambulante de miseria, al que muchas veces se agregan niñas y niños pequeños. Para toda esta sobreactividad no existe absolutamente ninguna provisión de equipamiento comunitario (guarderías, alimentación). Esta situación coexiste con un fuerte desplazamiento de las mujeres desde actividades en fábricas hacia el trabajo doméstico domiciliario, servil y mal pagado.

Por otra parte, el 80% de cesantía existente en las poblaciones obliga a las mujeres de esos sectores a asumir la condición de jefe de hogar (en cuanto proveedora económica) sin una readecuación de roles al interior de la familia. Padres, esposos e hijos cesantes colaboran poco o nada en el trabajo doméstico, que sigue siendo responsabilidad esencial y natural de la mujer.

Estas situaciones concretas han abierto la posibilidad de un replanteo de la condición de la mujer por parte de las organizaciones políticas femeninas y los distintos frentes decididos a trabajar en la articulación de sus demandas. Para muchas de ellas ya no es tan claro que los problemas de la discriminación y la opresión surjan y se resuelvan automáticamente con un proyecto revolucionario. Por el contrario, ya se afirma que, al interior de cualquier proceso revolucionario de cambio, no se llega a comprender plenamente la naturaleza específica de la opresión que sufren las mujeres si ésta no es expresada *desde el interior de esa opresión misma*. Ello acarreará un rechazo a las concepciones políticas tradicionales, un propósito de recuperación de la rebeldía autónoma y una redefinición del espacio político de oposición.

Frente a los estilos tradicionales de acción y organización de los grupos de mujeres políticas, que visualizan su participación como apoyo, como movilización defensiva de situaciones *globales* de opresión –con fuerte carga de liderazgo afectivo y emocional–, surgen ciertos grupos con claros contenidos feministas.

Estos grupos plantean, entre otros postulados, que "lo personal es político"; la recuperación de *vivencias concretas* de discriminación y opresión como alimento y punto de partida de una conciencia femenina colectiva y política. A partir de dichas vivencias y de su conexión con una investigación seria estructural, se irá elaborando la teoría del movimiento feminista.

En la elaboración de estas ideas, las feministas nos hemos encontrado con que la vivencia política tradicional para o hacia las mujeres y desde todos los tintes políticos, es *segregacionista* y *subsidiaria* en todos los sectores político-sociales, ya se trate de mujeres pobladoras, campesinas, empleadas o profesionales.

Esto ha originado entre muchas de nosotras un alto grado de rechazo a la movilización no reflexiva, como "carne de cañón" o como "fuerza explosiva", viejas y nuevas expresiones de la "subsidiariedad" femenina. Finalmente, de los objetivos que nos proponíamos lograr en este primer trabajo de investigación, algunos se han cumplido y aparecen desarrollados más adelante. Otros están pendientes, no olvidados, y constituirán, si el tiempo-espacio lo permite, parte de un próximo trabajo.

Con estos objetivos iniciales nos proponíamos contribuir a:

–Que la recuperación y la revelación de la historia oculta femenina permitan la identidad con la conciencia histórica contestataria de la mujer, y que orienten la constitución de un movimiento social real que asuma las propias reivindicaciones;

–Develar la percepción y explicitación de las maneras cómo esta historia es aceptada como propia por individuas concretas; cuáles son los vínculos que se establecen con ella y cuáles son las posibilidades de recuperar una cultura femenina inserta en la historia y abierta al porvenir;

–Finalmente, desarrollar una elaboración teórica de las circunstancias y la clasificación de los contenidos de las demandas que han surgido de los grupos y organizaciones concretas de mujeres volcadas inmediata y directamente a esos mismos sectores, a fin de que dichas percepciones, elaboradas reflexivamente, sean efectiva y directamente puestas al servicio de las mujeres en su lucha por el cambio de su condición y, por ende, de la sociedad política en su conjunto.

Capítulo II
La mujer en el hacer político chileno[22]

No se pretende en este trabajo una sistematización acabada ni definitiva sobre la condición de la mujer chilena en su relación con el mundo de la política, sino más bien se plantea un conjunto de apreciaciones hechas sobre diversas expresiones y demandas femeninas –directas o indirectas– formuladas en diversos períodos históricos por el emergente movimiento feminista.

Hay que tener presente que el ámbito donde se dan estas reflexiones fue y es, básicamente, de defensa ante la pretensión hegemónica del autoritarismo establecido desde 1973, donde la negación tajante del poder político de todo progresismo y de todo cambio social obligó al pensamiento disidente a la búsqueda de los contenidos de la democracia y a su revalorización. De allí que también surgiese, desde las mujeres, la necesaria pregunta del sentido de la democracia para la mujer, en circunstancias en que ésta ha vivido atrapada en una larga historia de discriminación genérica.

Se agrega a ello –y pesa mucho en la reflexión– el reconocimiento generalizado de la incidencia del "movimiento de las cacerolas" en la caída del régimen constitucional anterior. Estos hechos obligaron a romper ciertas visiones idílicas sobre el contenido y potencial revolucionario atribuido mecánicamente a las mujeres de los estratos teóricamente comprometidos con el cambio social, y a aceptar que se formulasen, con respecto a las mujeres, algunas cuestiones antes impensables: ¿son reaccionarias las mujeres?, ¿constituyen una categoría diferenciada socialmente?, ¿en qué medida el antes constituye un elemento explicativo necesario para

---

[22] Nota de la 1ª Edición: Los contenidos de este capítulo, revisados y reducidos, fueron publicados como Documento de Trabajo N° 109, FLACSO-Santiago (Kirkwood, J., 1981).

su presente y futuro, en cuanto grupo social y en tanto elemento determinante de futuras opciones democráticas? Problemas todos que habrán de ser necesariamente considerados desde la evolución particular del proyecto democrático popular alternativo hasta la dominación existente.

La sociedad chilena se ha caracterizado en los últimos cincuenta años por una incorporación creciente y diversificada de los más amplios sectores sociales, lo que la convirtió hasta 1973, en el plano latinoamericano, en un ejemplo de sociedad democrática. Esta percepción derivaba expresamente de la capacidad del proceso chileno para incorporar paulatinamente a los distintos sectores sociales –obreros, campesinos, sectores medios– a la sociedad política de modo que expresaran allí sus demandas, reivindicaciones, conflictos y proyectos. Por cierto, hay quienes sostienen tesis más negativas. Nosotros nos adscribimos a la expresada en posibilidad.

Podría definirse el período como un continuo de participación y creación de diversos canales de decisión popular, generados a partir de variadas formas de resolución de la pugna y del conflicto con los grupos dominantes cuya tónica, obviamente, *no era* la de participación popular total. Se constituye, sin embargo, un estilo de sociedad donde hay cada vez más intereses contemplados, expresados y satisfechos.

La ampliación del sistema político (voto femenino desde 1949), del sistema educacional y de la organización de la salud; la ampliación y activación de los aparatos sindicales, etc., son clara expresión de este espíritu, donde paulatinamente la sociedad civil va siendo cada vez más representada y expresada políticamente. Incluso aparece en la sociedad democrática chilena la posibilidad de que ciertas categorías sociales adquieran significación en cuanto formas nuevas de expresión. Así, hay demandas de transformación, superación y cambio de la sociedad que son asumidas y expresadas por el movimiento juvenil y, más tímidamente, por sectores de mujeres, ya como categorías sociales específicas. La sociedad aparecía *dispuesta*, aunque no sin pugnas, a la expresión de lo juvenil y de lo femenino, más allá de proyectos ortodoxos.

Hasta aquí podría decirse lo que fueron las líneas generales de evolución de una sociedad que, bien o mal, buscó liberarse de estructuras de dominación discriminatorias. En este ámbito, los partidos populares, progresistas y revolucionarios declaran asumir y expresar la contestación a los problemas sociales que la realidad plantea, pero la contestación que en general es expresada es una *contestación indiferenciada* que, al presuponer la existencia de un solo tipo de ciudadanos, reivindicará solo una forma de subyugación y discriminación –la económica, política y de clases–, y desconocerá otras discriminaciones específicas.

La discriminación femenina aparecerá disfrazada, postergada como secundaria o, en ocasiones, directamente negada. En parte porque dentro de la gama de las relaciones de dominación, la de mayor elaboración teórica es la que se ocupa de las relaciones entre clases antagónicas, y la mujer aparecía, inobjetablemente, repartida en clases sociales. En parte, también, porque las propias mujeres no siempre se visualizaron a sí mismas como *objetos de una discriminación específica*, no postulándose, por lo tanto, como sujetos reivindicando su propia opresión, sino aceptando, bien o mal, la idea cultural predominante sobre lo femenino como contradicción secundaria.

Hay, indudablemente, cuestionamientos esporádicos a la determinación biológica, pero éstos terminan invariablemente poniéndose al abrigo de los proyectos alternativos globales. Y en parte, finalmente, por la opacidad histórica de la variable sexual que impide el análisis de las relaciones entre factores biológicos y formas socioculturales, y por la prevalencia de un clima científico y político que permite ignorar dicha variable sexual o mantenerla en la penumbra de lo individual.

Pero las mujeres sufrimos –indudablemente y en toda sociedad– un conjunto de condiciones objetivas y subjetivas de discriminación genérica que se trasluce en lo político, económico, social y cultural. Conviene entonces preguntarse si esta discriminación ha sido asumida y cómo por las mujeres en cuanto tales; si una vez asumida, se ha expresado en proposiciones y organizaciones políticas autónomas, o si lo ha hecho en partidos globales y bajo qué rasgos y condiciones. Y, finalmente, cuál ha sido la recepción social de esta problemática, vale decir, si ha sido o no incorporada al patrimonio de la contestación política.

1. Mundo de hombre - mundo de mujer

Hemos creído pertinente iniciar el análisis de la relación mujer-política con un doble supuesto: en primer lugar, *postulamos la existencia de una experiencia de protesta femenina continua* de variadas dimensiones, pero que ha permanecido invisible socialmente, en tanto no ha sido narrada ni reconocida por sus protagonistas como su historia, como la historia de su género. En segundo lugar, *que la expresión política partidaria de la problemática femenina ha sido casi absolutamente contingente*, eventual a la política general, y se evidencia solo cuando hay demandas femeninas expresadas que, en lucha con los partidos y con la sociedad, logran en algún grado imponerse, y esto en general cuando dice relación con el voto político o con derivaciones sociales de la relación madre-hijo.

La inexpresividad de los partidos más progresistas en cuanto a la condición de la mujer es notable, tanto como es y ha sido notable la expresividad de la derecha para hacer caudal de la orfandad política femenina, afirmándose una fuerte contradicción entre lo expresado políticamente por los partidos de izquierda y las demandas atribuibles a las mujeres en cuanto ciudadanas y miembros de una clase social.

Se les plantea la socialización de los medios de producción, en circunstancias que más del 80 % de las mujeres chilenas son calificadas como inactivas por estar fuera de lo definido como "fuerza de trabajo productivo" que habrá de socializarse. Se les plantea subvertir el orden de la relación dominante-dominado, en circunstancias en que ella permanecerá siendo la dependiente compañera de un "hombre libre". El proyecto político popular propone al hombre el umbral de la libertad; para las mujeres, la libertad no termina de traspasar el umbral de la casa.

Las formulaciones más combativas en el discurso izquierdista-progresista radican en la disputa, con la derecha, de la condición de adalid de la defensa de la familia –léase la familia proletaria– que es definida como "núcleo revolucionario básico", pero dejando intocadas las redes interiores jerárquicas y disciplinarias que conforman históricamente a la familia, sin alterar la *reproducción de su orden* en la socialización infantil. Con ello la izquierda disputa –sin quererlo– la reivindicación de valores del orden conservador.

Así, a la familia burguesa opone una familia proletaria de calcadas funciones de subordinación y jerarquía intersexos, la misma relación de la mujer con la política mediatizada por el hombre, idéntica diferenciación entre *mundo del hombre y mundo de la mujer*. Patéticamente se comprobó que en el período de Allende, cuando se intentó incentivar el trabajo "afuera", "productivo", de la mujer, éstas ambicionaban –mejorando las condiciones de bienestar hogareño– solamente volver a sus casas o quedarse en ellas. Se habló de pasividad femenina; se habló de familia revolucionaria y se las llamó "compañeras": vano intento desbaratado por las cifras electorales que insistían en su presencia conservadora.

Naturalmente, dentro del abanico de relaciones de dominación, la que ha tenido mayor elaboración teórica es la que se ocupa de las relaciones entre clases sociales antagónicas. Sin embargo, la teorización exclusiva sobre dicho conflicto no resuelve ni expresa la totalidad de las formas de dominación, ni todas las contradicciones que en ella se originan. Por el contrario, en la medida en que dicho conflicto es instituido como el eje de la teorización y la práctica contestataria, debería también asumir con la misma urgencia los problemas que implican las otras contradicciones. De no hacerlo así, no resultará idóneo para conducir el proceso global de liberación social, y lo político se resolverá, probablemente, en nuevas formas de dominación y en nuevas rigideces.

Al respecto, podría sostenerse que la estrategia y responsabilidad del proyecto popular en Chile es que la no consideración y la evasión de las dimensiones que afectan a las mujeres ha precipitado, en diversas situaciones histórico-políticas, un fenómeno similar: la opresión femenina deviene en reacción.

Como ejemplo recordamos la movilización política reaccionaria de las mujeres en 1972, cuya líder ha sido hoy ascendida al rango de ministra de la Familia.[23]

En la actual situación de autoritarismo político-social, que niega la existencia misma del conflicto social global, han emergido, no obstante, ciertas reivindicaciones feministas –en pequeños grupos y en espacios político-académicos– sin encontrar, aparentemente, mayor rechazo que la negación de su validez específica o el desinterés, tanto del oficialismo (para el cual las mujeres "liberadas" del marxismo vuelven –misión cumplida– al santuario del hogar) como de importantes sectores que lideran la opción democrática o revolucionaria. Estos últimos poseen todos "departamentos femeninos", considerando la militancia y movilización de las mujeres como "fuerza explosiva" (en equivocado símil con la movilización de las derechas), o bien como sectores posibles de manipular para la apertura de espacios políticos, los cuales, una vez logrados, vuelven a plantear, intocada, la anterior formulación y praxis política.

Sostienen las feministas que los estudios que actualmente se propongan abordar las relaciones entre la cuestión femenina y las formas de expresión política, deberán enfrentar, al menos, los aspectos siguientes: la situación de la mujer en relación con las fuerzas productivas; la naturaleza de su explotación y los problemas de identidad femenina. Estas preguntas han de formularse dentro de un sistema de dominación en el cual –y aparentemente sin relación al conflictivo mundo político– se intenta establecer muy claramente cuáles son los límites del mundo de las mujeres y del mundo de los hombres, a través de una serie de mecanismos de *refuerzo* que pasan por la Constitución Política del Estado instituida en 1981 por el régimen, la que contiene una prohibición explícita de sustentar ideologías que atenten contra la familia patriarcal, tradicional, con normas

---

[23] Se trata de Carmen Grez, quien fuera designada públicamente por Pinochet como cabeza del Ministerio de la Familia, precisamente en reconocimiento de la labor cumplida en la movilización de las mujeres contra el gobierno constitucional de Salvador Allende. El anuncio de su nombramiento ministerial no fue posteriormente confirmado, tal vez a causa de una infortunada entrevista que se le hiciera en *El Mercurio*, tal vez por problemas de jerarquía o competencia con la Secretaría Nacional de la Mujer y CEMA-Chile, ambas instituciones dirigidas por la señora Lucía Hiriart de Pinochet.

establecidas por el sistema educativo y afianzadas por los medios de comunicación masivos.[24]

2. ¿Y en el antes?

En las primeras décadas de este siglo, en los inicios de la constitución del proletariado urbano y de su expresión política, la presencia de obreras y trabajadoras es reducida. Sin embargo, raras veces se las verá expresadas en los partidos políticos, aunque cumplen roles y acciones de gran combatividad.

Tenemos, por ejemplo, a la *mujer de campamento*, activísima en las salitreras del Norte Grande y especialmente en momentos de crisis, de huelgas. Su trabajo consiste en proporcionar comida a los obreros del campamento, separados de sus familias. Y lo hace permanentemente, soportando el peso de las huelgas. El discurso político sobre ella, en este período de gran agitación y conciencia, no va más allá del referido a la abnegada mujer-madre, sin que quede claro el reconocimiento de su condición de trabajadora.

En el mismo período encontramos a las *mujeres fabricanas*, llamadas peyorativamente "rotas fabricanas", en una doble alusión a su condición de pobres y asalariadas. Eran en general mujeres jóvenes, y tenían una *independencia relativa* en comparación a la mujer pobre confinada al hogar. Sufren, sin embargo, además de la carga de trabajo proletario, el rechazo social por su "independencia económica", por su relativa autonomía del trabajador-hombre, que les permite una cierta liberalidad en sus formas de vida. Son, en general, cigarreras, trabajadoras de la tracción, incipientes obreras textiles. Pese a su relativa independencia económica, a su desplazamiento fuera de la casa, y a la constitución de colectivos de mujeres, no tenemos aún información reconocida y registrada sobre intentos de organización gremial específicos ni de su expresión política.

Notable es, también, la participación de mujeres en una gran revuelta campesina: Ranquil; sin embargo, sobre su condición de trabajadora temporal o permanente poco se ha sido dicho aún.

---

[24] Ver al respecto el trabajo de Munizaga, Giselle (1981).

Significación especial en este período tienen las *aparadoras de cuero y calzado* por el tamaño de este sector y por la influencia en él de concepciones anarquistas, que harían suyos algunos aspectos de la liberación de la mujer.

Ya más avanzado el siglo, las mujeres *maestras primarias* participan en movimientos generales de profesores, pero también constituyen organizaciones femeninas propias, las que si bien se originan en las maestras mismas, recuperan e incluyen a otros estratos de mujeres de clases subalternas. Poniendo gran énfasis en las reivindicaciones culturales de la mujer (derecho a educación primaria y acceso a la educación superior), dan origen posteriormente a todos los movimientos femeninos de lucha por derechos políticos-ciudadanos que se sucederán en el período siguiente.

Este mismo sector femenino se hace presente en la organización y en la temática de la Federación de Estudiantes de Chile. Surge por primera vez en su interior la crítica del *ser mujer*, desde la mujer misma. Marcó, además, el conflicto literario de Gabriela con su soneto "Todas íbamos a ser reinas", algunas de cuyas estrofas se popularizaron posteriormente, olvidándose otras que cuestionan la condición femenina impuesta por la cultura, y que son particularmente notables por su profundo sentido feminista.[25]

Así, aparecen mujeres escritoras, mujeres bohemias, mujeres con inquietud política; se constituye un movimiento de protesta literario femenino y surgen los primeros movimientos pacifistas femeninos de rechazo a la guerra y la violencia. Todo el período constituye un momento político social, de contestación en *ascenso*, del cual no están marginadas las mujeres de los últimos sectores mencionados. Incluso es un tiempo de gran irrupción de masas; en las "huelgas de hambre" y "asambleas de la alimentación" se observa una cierta presencia femenina.

Sigue a este proceso todo un ciclo de persecución política a sectores sindicales y gremiales con la dictadura militar de Carlos Ibañez, en 1927, cuyo efecto no esperado fue el de una politización

[25] Su artículo "La intuición de la mujer", de Lucila Godoy Alcayaga, publicado en *La Voz del Elqui* y que solamente he conocido hoy, en marzo de 1985, gracias a la curiosidad feminista y gentileza de Verónica Matus, quien me hizo llegar su hallazgo.

generalizada de la sociedad. Todas las organizaciones civiles disidentes se politizan y pasan a engrosar los partidos políticos de izquierda; también los movimientos gremiales y específicos de mujeres se alínean en forma partidaria y se origina –en fin– un gran afianzamiento de partidos orgánicos en desmedro de movimientos gremiales específicos y libertarios.

Posteriormente, se producen las primeras movilizaciones femeninas, muchas veces organizadas desde los partidos en torno a las luchas por el voto y la lucha antifascista, con gran influencia de la Revolución y Guerra Civil Española, lo que implicó una toma de conciencia femenina y demandas de participación. Se crean organizaciones autónomas cuyo éxito culmina en la obtención del voto político en 1949.

Todos los partidos políticos declaran asumir esta nueva conciencia femenina y suman a las mujeres, ahora en calidad de ciudadanas, a sus filas; se supone que a través de la conciencia política femenina ya ha sido lograda la igualdad entre los sexos.

Sin embargo, la dimensión revolucionaria o política de centro, de derecha o de izquierda *absorbe* la dimensión sufragista femenina, y ello explica que una vez logrado el voto y a pesar de haber constituido organizaciones y partidos políticos propios,[26] por razones diversas las mujeres disuelven sus instituciones y pasan a integrar, por separado, los diversos departamentos femeninos que se ofrecían a sus opciones ideológicas.

Curiosamente, luego de la obtención del voto político, surge una fuerte arremetida femenina con vertiente en el catolicismo y radicalismo. Se trata de una aglutinación de las mujeres provenientes de organizaciones católicas, de caridad, tradicionales, y de aquellas dirigidas e instituidas a partir de la Presidencia de la República, liderizadas por la esposa del Presidente. Surge así, por vez primera, el rol de Primera Dama; serán ellas quienes conducirán y controlarán posteriormente, vía la Presidencia conyugal, estos verdaderos y efectivos movimientos femeninos conservadores y de orden.

---

[26] Formación del Partido Femenino de Chile en 1946; MEMCH, en 1935; Partido Cívico Femenino, en 1919.

Es notable que, paralelamente al hecho de que la mujer reaccionaria se organiza y hace públicamente la defensa de la familia y de los valores cristianos, y aparece imbuida del anticomunismo inyectado por la Guerra Fría, las mujeres progresistas se desmovilizan en su especificidad –¿sentimiento de culpa por la masividad del voto femenino conservador y de centro tradicional?– y se reparten en los partidos políticos como ciudadanas militantes, y disuelven o desprivilegian sus movimientos y partidos con el argumento fuerte de la necesidad de privilegiar la "lucha social global". Pareciera un atrapamiento repetido.

Lo cierto es que se constituye socialmente una abrumadora "pasividad política femenina", una apatía absolutamente impermeable a los partidos revolucionarios tradicionales, que llega a cifras de alrededor de un 75% de nuestra población femenina ciudadana. Esta pasividad femenina habrá de romperse otra vez, violentamente, con el auge de la Democracia Cristiana, que va a proporcionar a los sectores femeninos una revisada ideología religiosa-secularizada, que les permite mantener el conservadurismo, pero esta vez con ropaje progresista.

Podría hacerse un símil entre dicha ideología y el "Pujadismo" francés, suerte de movilización de los pequeños campesinos que es protestataria y reaccionaria a la vez, en contra del capitalismo y, estereotipadamente, en contra también de la movilización popular. Esta ideología, una suerte de catolicismo protestatario reaccionario, utiliza los valores más tradicionales como forma de protesta, valores que, traducidos como esenciales de la familia, van a ser asumidos activamente por un alto porcentaje de mujeres. Este mismo fenómeno se dará en las décadas de los 50 y 60, cuando estos mismos valores pasan a ser asumidos por renovados porcentajes de "pasivas" mujeres de los sectores medios y populares.

Se ha producido, con esto, un reforzamiento ideológico conservador del centro político que se traslada a las masas demócrata cristianas y que, posteriormente –la Democracia

Cristiana en el gobierno– se aposentará en sus organizaciones comunitarias.

Especial importancia adquieren los CEMAS (Centros de Madres),[27] que son manejados como política de oposición en la base frente a la alternativa de izquierda. Surge una fuerte presencia femenina de apoyo, de carácter tradicional, que carga la política de centro-derecha de rasgos autoritarios y conservadores. El tono de la Democracia Cristiana es, entonces, un tono de conservadurismo femenino. Y es también un tono virulentamente antiizquierda. Precisamente en los 70-73 será desde los CEMAS de los barrios altos que surgirá y se multiplicará el Poder Femenino, que dará la luz la "marcha de las cacerolas vacías".[28]

No desconocemos que algunos sectores de mujeres, en ocasiones cercanos al 30 % del total de votos, adhieren a ideologías de izquierda; pero tal vez esta adhesión –en mayor grado que la proporción de ganancias para el proyecto izquierdista– haya producido una homogeneidad ideológica entre las mujeres de centro y de derecha, cuya problemática política específica aún no empezaba a ser considerada.

Los partidos de la izquierda en ese período logran con dificultad expresar la problemática femenina. La desconocen. Presumen que no existe. Las mujeres mismas desde la izquierda tampoco la admiten: ya se han integrado a protestar por cambios en la sociedad en su conjunto y no hablan más de "problemas femeninos".

Es en este espacio ideológico, en lo que a la dimensión femenina se refiere, donde se desenvuelven los 1.000 días de la Unidad Popular y es en él en donde golpeará nuevamente el autoritarismo militar a la democracia.

Luego de encendidas urgencias y en medio de una nueva polarización de la política entre gobierno y oposición, es posible percibir claramente tres orientaciones políticas diferenciadas para abordar lo relativo a la mujer.

---

27 Ver: Lechner, Norbert y Susana Levy (1984); y Larraín, Cristina (1982).

28 Marcha realizada el día 1 de diciembre de 1971, día posteriormente declarado por el régimen "Día Nacional de la Mujer".

Una primera, que consiste en la persistencia del enfoque *integracionista* al interior de los partidos tradicionales, con idénticos planteamientos –para mujer y hombre– de los fines y de los métodos de acción política de apoyo global a la opción democrática y/o a la lucha contra el Régimen Autoritario vigente.

Una segunda, esta vez desde el régimen, centrada en la desarticulación y *desmovilización política* activa conservadora de las mujeres. Explícitamente se reconoce que la movilización anticomunista de las mujeres no fue un movimiento destinado a incorporarlas permanentemente en el ámbito de lo político, y que tampoco representa un feminismo de derecha. Por el contrario, esta movilización obedece a requerimientos muy coyunturales de defensa de los valores morales de la patria y la familia. Una vez que éstos han sido reinstituidos éticamente, se refuerzan los roles tradicionales femeninos, elemento tan fundamental, en lo ideológico, para la permanencia de la sociedad neoconservadora.

Y una tercera orientación consiste en una corriente de incipiente feminismo surgida, precisamente, del intento de analizar críticamente la sociedad contemporánea y de redimensionar sus contenidos democráticos. Allí, la cuestión femenina se plantea bajo formas que ya dicen relación con los nuevos movimientos sociales emergentes. Su punto de partida es que el cuestionamiento de los roles femeninos en la sociedad existente y la propuesta de opción política futura *necesitan ir más allá del economicismo político anterior.*

Estas son, a grandes rasgos, las tres formas de percibir la problemática femenina aquí y ahora, formas de percepción que, a su vez, constituyen tres opciones político-sociales. Creemos que frente a ellas, ineludiblemente, habrán de pronunciarse las mujeres, las organizaciones, los movimientos disidentes de diversos tintes, y los proyectos políticos alternativos. La mujer, quiérase o no, pasa a constituir, en cuanto objeto o en cuanto sujeto, un problema político. Su responsabilidad habrá de ser, en adelante, de esa misma naturaleza.

3. La crítica socio-histórica feminista[29]

Intentaremos, ahora, esbozar una crítica socio-histórica de la relación entre el movimiento feminista chileno en sus diversas expresiones y dimensiones, y las formulaciones referidas a la mujer desde el ámbito de la política global, en ciertos momentos significativos de su desarrollo. No nos proponemos solamente abordar la historia empírica o un relato de hechos y secuencias objetivas e independientes de consideraciones éticas o de compromiso; tampoco será una exposición que se crea sin principios –y los tenga, sin saberlo–. Por el contrario, hemos usado ideas *deliberadamente* preconcebidas tanto para el análisis como para la interpretación.

Toda vez que en nuestra lectura de la relación entre la mujer y lo político hemos encontrado encerrada alguna contradicción, no hemos intentado a toda costa borrarla, desconsiderarla, sino, en lo posible, esclarecerla y dibujarla nítidamente para plantear y comprender mejor sus significados. Así, cuando por ejemplo en los inicios del movimiento feminista chileno en el siglo XX nos hemos encontrado con una vertiente extremadamente *ascética* y moralizante, nuestra primera reacción fue que *para nada* ésa era expresión de feminismo, puesto que negaba, por completo, las posturas de revolución sexual inherentes al feminismo contemporáneo. Sin embargo, una lectura más cuidadosa de esa contradicción lógica y más referida a su propio contexto histórico, a su carácter más *reivindicativo*, nos permitió aclarar bastantes aspectos de sentido en el movimiento feminista global que, de otro modo, hubiesen sido desechados con el riesgo evidente de esquematizar –desde el presente– esa historia.

De igual modo, hemos tratado de evitar esa tendencia a *negar* y *a olvidar* lo agobiante o "sin salida" que pesa tanto en los intentos de movilización de las mujeres, y que nos lleva a adoptar un aire de circunspección y dignidad que es –en el fondo– una renuncia a poner a prueba e impugnar ideas tenidas como sagradas. En estos casos hemos asumido la responsabilidad de la puesta a prueba de dichas ideas.

---

[29] Nota de la 1ª Edición: A partir de este momento, el texto base utilizado corresponde al *Documento de Trabajo* N° 143, FLACSO-Santiago (Kirkwood, J., 1982).

Las mujeres hemos descrito el mundo tal como lo vemos; de ahí que aparezca contradictorio, difuso. En esa manera de ver está también expresada la condición femenina: podemos recaptarla en su magnitud parcelada, blanco y negro, extremada, siempre frente a dicotomías excluyentes, puesto que la mujer ha sido hecha por la cultura en la certeza de roles *esenciales*, inmutables e *irrenunciables*, y no en la duda que abre la propia responsabilidad.

Los propósitos fundamentales que nos planteamos tenían que ver con: a) determinar cómo han visto y percibido las organizaciones de mujeres a través de la historia las diversas modalidades de su propia inserción como mujeres en el mundo de lo político; b) qué es lo que las mismas mujeres habían delineado como perteneciente a ese mundo; c) cómo se expresaron estas ideas en comportamientos políticos concretos; d) qué relación y de qué tipo existe entre las concepciones políticas de las mujeres (feminismo) y el estadio o situación del proceso político global, nacional e internacional y, e) cómo afectan o no, a las reivindicaciones y demandas feministas actuales estas situaciones, y en qué sentido.

Finalmente, como contrapartida necesaria, nos propusimos descubrir cuál es la definición que a partir del proceso político global se ha hecho del movimiento feminista. Por supuesto, una tarea de gigantes.

Obviamente, el conocimiento de tal tipo de relaciones trasciende la explicación de una situación histórica concreta, y nos sirve para aportar elementos a la comprensión de una posible cultura femenina, incluso en nuestros días. Más propiamente –y desde la perspectiva del proyecto liberador de la mujer– nos permitiremos observar qué estadio psicológico predomina en cada momento en las *imágenes colectivas* de las mujeres en acción, es decir, si la ideología liberacionista o emancipatoria se halla en un período de ascenso, si ya ha logrado el máximo de su expresividad, o si ha iniciado su descenso, en lo que a género respecta.

Tal como ha sido señalado por Sheila Rowbotham,[30] las mujeres hemos heredado una historia general y una historia de la política en particular, narrada y constituida solo por *hombres*, por

30 Ver: Rowbotham, Sheila (1978).

lo que es lícito suponer en ambas una cierta desviación masculina que nos ha dejado en el silencio e invisibles ante la historia. Ello ha significado para nosotras alcanzar conciencia política a través de ideas, acciones y organizaciones propias del poder y la cultura masculina y *en sus términos*, lo que va desde el lenguaje (determinación de sentidos a expresar) hasta formas de organización consideradas como posibles. Esto mismo se ha traducido, con frecuencia, en la aceptación de las modalidades de participación atribuidas a las mujeres en las organizaciones políticas masculinas: constituir bases de apoyo, fuerza explosiva o de punta para algunas reivindicaciones específicas, complementariedad de labores principales y, en general, realización de los *dictats* de las jerarquías, sin cuestionamiento.

Este hecho de "mujeres realizando política masculina" –puesto que no parece cierta la *neutralidad* de "lo hombre" constituido en lo humano, usando sus términos, sus palabras– no es algo insípido: produce una distorsión en el campo del debate. Así, por ejemplo, la defensa de los derechos de la mujer en términos masculinos es tan distorsionante, como sería la reivindicación de los derechos del hombre, hoy, en términos decimonónicos. Lo reprimido, lo no dicho, no podrá aflorar si no hacemos nuestro, o no modificamos, el lenguaje.

Entonces, un primer paso para superar el peso de la historiografía masculina en la conciencia política femenina habrá de ser –junto con mostrar esa característica de masculinidad– reconocer, tornar visible todo lo registrado y experimentado por las mujeres que tuvieron que luchar por alcanzar un espacio en el mundo de la política. Es decir, como dicen las feministas, "ver y hacer ver lo que los otros están haciendo invisible".[31]

La más de las veces, los orígenes de los logros actuales de la condición femenina son desconocidos, descorporizados y no identificables.

La historia global a que nos hemos referido ha olvidado –o ha cercenado– sistemáticamente en nuestro país, como en todos, el origen de las concepciones que cambiaron la vida de las mujeres. Presentando la historia como la memoria neutral de un proceso

---

[31] Ibid.

evolutivo civilizatorio, olvida y hace olvidar que cada uno de esos logros también ha supuesto luchas, resistencias titánicas, voluntad. Y mantiene en la opacidad aquello que ha aclarado Foucault:[32] toda situación de poder conlleva intentos de contrapoder; todo esfuerzo por imponer una determinada legalidad, coexiste *simultánea* y *automáticamente* con una o varias ilegalidades, lo que podría traducirse en que, desde que existe la opresión femenina coexiste también la posibilidad –realizada o no, expresada o no, traducida en sucesivos ropajes histórico-culturales– de la rebeldía de las mujeres.

Historizar, entonces, las demandas políticas feministas es mostrar la existencia de esa otra legalidad, de ese contrapoder o –por qué no– de esa fuerza que constituye el propio intento de las mujeres para conseguir su propia liberación. Es mostrar –no importa cuán lejos o cuán cerca se haya estado de conseguirlo– su presencia, su visibilidad. Y es también mostrar la *transformación en sujeto* de un grupo social específico que no ha sido aún totalmente identificado como tal ni por los otros ni por sí mismo, y que hasta ahora es solo objeto receptor de políticas, bien o mal formuladas, para su atribuida humanidad.

Ahora bien, un grupo oprimido se torna en sujeto de su contracultura cuando ha tomado conciencia de sí mismo, cuando surge la *necesidad de su propia identidad*. Y no es un hecho puramente arbitrario, dado que la humanidad solo se plantea los problemas que puede resolver. El sentimiento de necesidad surge primero como conciencia de una carencia, pero, también, como conciencia de la posibilidad de su propia resolución.[33]

Recuperar la historia política de las mujeres en Chile, hoy, es recuperar las distintas expresiones de esa carencia para un grupo social ausente de la historia y, al mismo tiempo, es recuperar las formas y modos en que en tanto grupo ha intentado resolver dicha carencia.

---

32 Ver: Foucault, Michel (1981).

33 Ver: Faletto, Enzo (1982).

4. El feminismo es revolucionario

"Creo que hoy existen muchos movimientos que están relacionados con la lucha de clases y que a la vez son independientes de ella. La lucha feminista, aliándose con la lucha de clases, podría conmover a la sociedad de una manera que la trastornaría por completo", dijo Sartre en 1977. Ya en 1976, Marcuse había declarado que "el movimiento de liberación de la mujer es actualmente el movimiento político quizás más importante y radical, aunque la conciencia de este hecho no haya calado todavía al movimiento en su totalidad".

Esta condición revolucionaria imprimirá un determinado sello tanto a los objetivos, propósitos y teoría del feminismo, como a sus formas de acción y a las metodologías de conocimiento que desarrollará el movimiento, e incidirá, obviamente, en el análisis que realice sobre su quehacer y su proceso de desarrollo y constitución histórica.

En su postura teórica, el feminismo es revolucionario en un doble sentido; con la elaboración del concepto de *patriarcado* trasciende el planteo de la diferenciación y pugna entre clases sociales como única raíz y origen de las relaciones sociales de opresión entre los humanos, apuntando a la existencia de la opresión sexual: *al dominio y la opresión cultural y material concretos de un sexo sobre otro*. De este modo, el feminismo enriquece y contribuye a quitar el carácter restrictivo al concepto de *liberación social y política*, haciéndolo extensivo a las mujeres como grupo específico, y respecto de las cuales bajo enfoques más globales de interpretación histórica, se planteaban formas muy difusas, sin mayor elaboración, de "emancipación femenina".

En seguida, al considerar a la mujer como unidad, producto de innumerables estructuras productivas, reproductivas y políticas,[34] se revertirá el análisis de lo netamente femenino, planteándose como una problemática que engloba la totalidad de la vida cotidiana. A través de su negativa a dejar fuera de la preocupación social los problemas *individuales* y personales, dejará puesta en la conciencia social y colectiva su reciente descubierta verdad:

---

[34] Ver: Mitchell, Juliet (1974).

"lo personal *también* es político".[35] Desde allí, entonces, en la nueva imagen problematizada del mundo, se hará presente en "lo público" todo aquello que históricamente se desenvolvía en el círculo de "lo privado".

Desde la biología, pasando por la afectividad, la sexualidad y las formas de relacionarse socialmente, hasta penetrar los ámbitos de la economía y la política, la emergente rebeldía femenina pondrá en evidencia los vacíos de la teoría y de la práctica política social protestataria o progresista vigente.

Ha surgido, con ello, la posibilidad de repensar lo político, de dar otra vuelta a la tuerca de la revolución misma; el feminismo mostrará, por una parte, la "secundariedad" con que pueden ser vividas las clases sociales bajo el peso de otras sumisiones que difuminan los conflictos interclase. Por otra parte, y junto con afirmar que hay algo más allá de las clases, no se queda el feminismo en plantear la nueva problemática *solamente* y *desde las mujeres*. Concerniéndole la totalidad social, demostrará que en las relaciones entre opresores y oprimidos, ambos términos de la relación se hallan *pervertidos*.

La liberación femenina no constituirá ya, entonces, un problema a resolver con la incorporación al mundo de "las que no lo están". Puesto que no es suficiente romper los muros del hogar para incorporarse al mundo social y público y abrirse horizontes, el feminismo rechaza la posibilidad de realizar pequeños ajustes de horarios y de roles al orden actual, pues eso no sería otra cosa que la inserción en un ámbito-mundo ya definido por la masculinidad (el otro término en la relación de opresión). La incorporación de las mujeres al mundo será para el movimiento feminista un proceso transformador del mundo. Se trata, entonces, de un mundo que está *por hacerse* y que no se construye sin *destruir* el antiguo.

Como ya decíamos, el feminismo parte de la aseveración de que hombres y mujeres están mal hechos y deformados por obra de la cultura, en virtud de una agobiante relación de poder entre los sexos que ha originado víctimas y opresores.[36] En la

[35] Quienes por primera vez plantearon que "lo personal es político", fueron las feministas norteamericanas a fines de la década de los 60.

[36] Beauvoir, Simone de (1957, Tomo I).

salida de dicha condición degradada, la responsabilidad de la opresión le corresponde al opresor, en tanto la responsabilidad de la rebeldía compete al oprimido. De allí la fuerza y la voluntad intrínsecas en la pretensión de autonomía de los movimientos políticos feministas –como sujetos de su propia rebeldía–, lo que no destruye ni invalida su planteo de la globalidad del cambio político social.

En ciertas circunstancias muy definidas, una determinada imagen o concepción del mundo se constituye en universal, en tanto da expresión al movimiento general de la sociedad.[37] El feminismo contemporáneo reaparece con fuerza en momentos en que impera una tremenda dislocación ideológica, una inquietante pérdida de perspectiva; donde ya no todo puede ser explicado por la *razón*, y se sospecha la necesidad de explicaciones más subjetivas desde grandes cantidades de masas humanas. Es, claramente, el *rechazo* a un mundo donde todo lo que no se explica en términos de relaciones de clase, de trabajo, de producción y mercado, tiende a *no existir*, a no ser que se le reduzca, como sea, a un último objetivismo material.

Los movimientos sociales actuales se han beneficiado con esta nueva dimensionalidad al incluir en el debate social y político esta importante parcela de pensamiento y presencia colectiva, que han sido tan significativas como los aportes de los movimientos estudiantiles de la década anterior, y a la formación de una nueva izquierda que se plantea a partir de entonces.

Una revolución se hace carne solo cuando el proyecto político alternativo pone en cuestión y desacraliza los valores de la sociedad y el orden imperante; y no es cosa de citar en detalle evidencias como la puesta en cuestión del absolutismo divino, o de la propiedad privada, que, junto a la revolución sexual, marca hitos en la transformación cultural de Occidente. En cada período, es cierto, hay modos de producción que operan estructurando la sociedad y que se plasman en valores. Sin embargo, en cada período surge también la contestación, la contracultura filosófica

37 Ver: Sartre, Jean-Paul (1963).

y práctica que muestra a aquellas formas sociales estáticas, inmovilísticas, y las devela como *entidades sujetas al devenir.*[38]

Es verdad que el absolutismo como prerrogativa divina del poder, la propiedad, con sus oscuras raíces de depredación y explotación de los otros/otras, y el sexismo, con su carácter pervertidor de la naturaleza humana, no se hubieran desarrollado sin un *consenso*: es necesario que todos, dominantes y excluidos, piensen que lo que es no puede ser de otra manera; en otras palabras, se requiere que el intelecto y la acción se circunscriban al orden en *obediencia ciega*, y que todo intento de ruptura sea severamente castigado, desalentado.

El feminismo contemporáneo nació con la evidencia del patriarcado a cuestas. Una prueba de su universalidad, de sus mecanismos de defensa contra su cuestionamiento o negación, en tanto entidad opresora y opuesta al cambio, podemos hallarla en los inicios mismos de los movimientos feministas.

Cuando a fines de los años sesenta el movimiento estudiantil plantea "la revolución, ahora", y se comienzan a cribar todas las formas de relación humana por este rasero, denunciándose todas las opresiones y discriminaciones (del conocimiento, de los jóvenes, de los estudiantes, de las razas no-blancas, de los marginados, de los *ghettos*), también entonces las primeras feministas radicales –que aún no lo eran– quisieron su parte en la nueva partitura de la revolución total. Pero comprobaron con estupefacción, que los planteos revolucionarios totales no tenían nada que ver con las mujeres. "El único lugar de la mujer en el movimiento es con las patitas abiertas", les dice el líder Carmichael.[39]

Como sabemos, el líder guía y expresa a sus seguidores.

Pero esa vez no hubo lágrimas: se dijo NO; y *desde dentro* de esa revolución marginal estudiantil y femenina resurgió una contracultura de enormes proyecciones que continuaría creciendo aun después que el movimiento estudiantil no fue ya más que un pálido recuerdo. Para las estudiantes norteamericanas de la nueva

---

[38] Ibid.

[39] Ver: Mitchell, Juliet (1974).

izquierda se había hecho evidente la universalidad del patriarcado y así lo expresaron.

Y desde ese momento se hizo también evidente la necesidad de recuperar y descubrir la historia de la condición femenina; se dio su lugar y su importancia fundamental al movimiento sufragista; se buscó en él las razones de su posterior olvido, invisibilidad y derrota, razones que siempre mostraron tener que ver con el hecho de que las mujeres no habíamos elaborado nuestra propia especificidad, o esperábamos que –desde fuera– surgiese la creación de una teoría lógica y estructurada para formar el movimiento y guiar su acción, con lo cual se permitió, sin proponérselo, que la discriminación específica apareciera disfrazada y postergada como secundaria. En síntesis, no se presionó ni se exigió a la teorización y a la práctica política contestataria –por no provocar divisionismo– que se pusiera de cara a su contenido sexista.

Casi universalmente se llegó a la misma evidencia: no importaba cuánto hubiese costado, ni cuán larga hubiese sido la lucha sufragista, los movimientos feministas se disolvían justamente cuando se obtenía el voto político.

5. Dos problemas inquietantes

Decíamos que el feminismo es revolucionario y que esto acarreaba consecuencias en el *hacer* y en el *conocer*. Y en lo que respecta al juicio o conocimiento histórico, el feminismo mira y exige explicaciones a su pasado.

El feminismo no nació hecho: se está haciendo, constituyéndose a sí mismo en su propia acción con la perspectiva de su futuro virtual y ubicándose en esa nueva forma de relación que excluye tanto la discriminación sexista como todo lo que se ha construido en su entorno –familia, disciplinamiento cotidiano y jerarquías.

En otras palabras, el feminismo, como toda revolución profunda, juzga lo que existe y ha existido –pasado y presente– en nombre de lo que todavía no existe pero que es *tomado como más real que lo real*. Para mayor claridad, es desde la superación del mundo sexista y patriarcal que se enjuiciarán los actos y movimientos del pasado y presente. En nuestro caso, desde la nueva presencia política de la mujer para mostrar en qué forma y medida esos actos presentes y pasados de las mujeres –responsables de su liberación– se han acercado o alejado del sentido total de la historia de su movimiento.

Esta forma de juicio pudiera parecer excesivamente severa, puesto que no siempre fue ni es fácil mirar y plantear preguntas a la realidad sexista, en el sentido exacto en que lo hace hoy el feminismo. Sin embargo, el juicio va –más bien– en el sentido de mostrar qué tantas veces se estuvo en ese umbral y en qué otras se retrocedió.

Sabemos hoy que no es fácil comprender que el movimiento de mujeres –para realizarse auténticamente– debía enfrentarse a la toma de decisiones políticas y considerar su estrecha ligazón con los contenidos mismos de la política: poder, fuerza, lucha, confrontación, conciliación, alianza y negociación. Que había que considerar estos contenidos no para esconderles o maquillarles el rostro, por tratarse de aspectos "contaminantes" de la *pureza* y *bondad* que había de aportar lo femenino a la política, como sucedió en ocasiones, o confesando una apresurada inmadurez e inexperiencia, como ocurrió en otras, sino que había que plantear y profundizar –desde la nueva perspectiva– el sentido de esos contenidos.

El juicio feminista, sin embargo, es independiente de las motivaciones e intenciones de las actoras en los distintos momentos: se es responsable con respecto a los *fines* del movimiento por cada una de las elecciones realizadas dentro de las opciones abiertas a la decisión, en cada momento histórico. Y, por lo mismo, en ocasiones habrá opciones exitosas y opciones fracasadas, de acuerdo a la virtualidad o el fin del feminismo. Sin embargo, conocer esas motivaciones e intencionalidades puede proporcionarnos una clave importante para detectar los elementos que apoyan o desfavorecen el proyecto feminista.

En el caso de Chile, esto se traducirá en que habremos de explicarnos una serie de momentos muy definidos en la trayectoria del movimiento político femenino: ascenso, crisis, caída, silencio y posterior renacimiento de los movimientos feministas. Para cada uno de los primeros períodos (ascenso, crisis, caída) intentaremos mostrar cómo fueron enfrentados por las mujeres organizadas los contenidos problemáticos de la política; en virtud de qué no lo fueron; de qué manera trascendieron o fueron abandonados los fines del proyecto feminista, y cómo estos hechos plasmaron posteriormente un período de casi 30 años de silencio y no-presencia de movimiento femenino autónomo alguno, tiempo durante el cual cantidades significativas de mujeres que habían participado en las organizaciones autónomas se integraron dentro de partidos políticos, gradualmente contestatarios, pero en los cuales, inevitablemente, nunca pudieron plantear la reivindicación femenina desde su perspectiva liberadora. Eso hubiese significado a los partidos cuestionar elementos y prioridades que daban razón de ser a sus doctrinas: el eje de la liberación es el conflicto de clases; todos los demás son secundarios y se resolverán automáticamente una vez resuelto el conflicto fundamental; considerar otros elementos, por lo mismo, sería visto como retardatario, pequeño burgués y contra-revolucionario.

En el transcurso de los capítulos siguientes nos ocuparemos de tres problemas, a nuestro juicio los más inquietantes y que menos respuesta han tenido: el por qué de *la pasividad y el silencio de las mujeres frente al feminismo* –considerado aquí como el movimiento político de la mujer–, pasividad que concierne a las más directamente interesadas en que cambie su condición; el *por qué de su rechazo a constituir partidos políticos* y, cuando los hubo, por qué se produce entre las mujeres, además del rechazo, una *ausencia de sentimiento y de memoria por su historia*, de búsqueda de explicaciones por su desaparición; y todo esto, con mayor razón cuando se da por parte de las mujeres "políticas".

Siguiendo con los efectos que se derivan de la concepción del feminismo, tal como lo hemos esbozado, éste, además de revolucionar la teoría política, ha revolucionado la acción política misma. Ya las formas de participación dejan de ser una reproducción de las existentes, percibiéndose intentos de creación de relaciones no jerárquicas, ni disciplinarias; inclusión de afecto y razón; discusión sobre forma y validez de los liderazgos; constitución de pequeños grupos. Veremos este aspecto al referirnos al surgimiento de diversas organizaciones y grupos feministas en el ámbito de la oposición política chilena actual.

Pero donde estimamos que más ha incidido este carácter revolucionario del feminismo, es a través de sus planteos metodológicos. Es verdad que son más bien líneas de acción que esbozos acabados; pero aun así han ejercido una influencia fundamental en las formas de obtener conocimiento en cuanto a la condición de la mujer. Considerando que ningún acto de conocimiento es neutral, desinteresado, sino que siempre, tarde o temprano, toda investigación encuentra una aplicación práctica, por una parte, y por otra que es imposible concebir un cuerpo de conocimientos que sea estrictamente no-práctico,[40] el feminismo en la obtención de su conocimiento se declara comprometido, lo que implica una inversión de la relación sujeto-objeto: se es *sujeto* y *parte* de la realidad por conocer.

Los estudios de la mujer se hacen y son válidos si son hechos desde el interior mismo de su realidad y son comprometidos, pues, en tanto se conoce, se debe luchar contra la opresión de que se es objeto culturalmente.

---

[40] Ver: Sartre, Jean-Paul (1976).

Capítulo III
Encuentro con la historia

1. Algunas consideraciones preliminares

Sin duda alguna, realizar un análisis de las imágenes sobre las mujeres y el feminismo expresadas por los partidos y corrientes políticas históricas en nuestro país es cosa dura; más intrincado es, aún, destacar los contenidos expresados por las propias mujeres organizadas, preferentemente en relación a lo político, por la *carencia de registros* de su presencia y acción en el ámbito político global.

Sin embargo –y como ya muchas lo han manifestado para otros contextos– nunca se termina de comprobar comparativamente la magnitud del *silencio* y la *invisibilidad* de la mujer al interior de la historia de los oprimidos. En cuanto al primer aspecto, rara vez hemos encontrado alguna mención en las historiografías de los movimientos sociales y populares, que sea algo más que un saludo a la abnegada madre-esposa que desde su casa oraba o apoyaba al luchador.

Este silencio, lo sabíamos, no expresaba totalmente la realidad: desde 1913 hubo en Chile (y aun antes, en el siglo XIX) movilizaciones de mujeres, pequeños movimientos organizados, clubes y asociaciones pro sus derechos civiles y políticos que, en un sentido u otro, incidieron o trataron de incidir en la vida política social.

Sin embargo, cómo no hablar de un arraigado concepto patriarcal cuando los diarios más serios e influyentes en política, refiriéndose en 1951 a la elección de tres mujeres al Parlamento (después de 40 años de lucha femenina) no hacen más comentario que: "Hoy, la belleza de la mujer chilena hace su entrada en el Congreso".

Pero no solo la prensa grande, influyente, de derecha, expresa su alborozo por la magnitud del aporte feminista. En casi todo el período, salvo muy honrosas y esporádicas excepciones, las posiciones progresistas guardan piadoso silencio, tal vez afectadas por lo poco proclives al progresismo que se mostraron las mujeres desde su estreno político ciudadano. Y de aquí surge la pregunta obligada, innumerablemente repetida desde las organizaciones femeninas progresistas: ¿por qué las organizaciones políticas no se ocuparon de ese fenómeno?

Verdadera inquietud al respecto solo fue esbozada en los inicios del movimiento obrero, en la zona de las salitreras por Recabarren, y en uno de los últimos discursos del Presidente Allende, quien se inquieta sensiblemente por el fenómeno político adverso a los cambios que expresa el conservadurismo de las mujeres.

De la observación de los sucesos transcurridos durante el período de la Unidad Popular, también se hubo de aprender –tarde ya– que la opresión femenina devenía en reacción; que la "pasividad" de las mujeres lo era solo para el progresismo y no para las fuerzas del orden de la derecha. Retomaremos en detalle estos aspectos al referirnos a ese momento histórico.

De acuerdo a las consideraciones hechas, el grueso de nuestro esfuerzo nos pareció adecuado referirlo a lo que habían sido las expresiones propias de las mujeres organizadas políticamente. Ello nos restringió finalmente a los hallazgos referidos, breves períodos, entre 1913 y 1949 (conquista del voto) en que fueron publicados periódicos, revistas, manifiestos e incluso algunos libros escritos desde y para las mujeres movilizadas por sus derechos políticos y civiles. A través de los escritos que ellas produjeron se intentó mostrar cómo se fue desarrollando en la historia la reflexión y la acción que integra mujer y política, vale decir, los modos cómo las mujeres, organizadas como tales, conciben la salida de las cuatro paredes y hacia dónde van dirigiendo sus pasos.

No solo nos ha parecido importante registrar lo que entonces hacen las mujeres, sino cómo lo hacen y a qué obstáculos se enfrentan. De igual modo, nos ha interesado analizar cómo se empalma la actual movilización política de grupos de mujeres con sus predecesoras históricas, cosa muy difícil de precisar, sobre todo por el período de más de 25 años de silencio que se inicia, por paradoja, inmediatamente después de logrado el voto político, cuando hubiese sido esperable, razonablemente, una efectiva presencia, sólida y ya legitimada, de la mujer en el campo político.

Los hechos y las interpretaciones a esta situación particular, los vemos en el análisis de un corto período, entre 1949 y 1953, cuando se expresa una presencia femenina política, sustantiva, en organizaciones propias. Para explicar esta situación, hemos debido acercarnos a los significados atribuidos por las mujeres a su actuar político. Este período, al que pudiéramos llamar la "caída", marca el inicio de la inserción de las mujeres politizadas en los distintos partidos ofrecidos a su elección y también de su silencio feminista.

Las preguntas surgidas frente a la evidencia de estos dos períodos, de caída y silencio feminista, rotos solamente varios años con posterioridad al golpe militar de 1973, y las respuestas borrosas, difusas, encontradas, se fueron transformando cada vez más en el motivo inquieto y recurrente de nuestra revisión histórica: ¿por qué el entusiasmo, el interés organizativo, la reflexión política y social; el interés por las mujeres como grupo oprimido, la necesidad de integrarse a la cultura, a la educación, al derecho, a la política; por qué todo eso se diluye, como si nunca hubiese existido la lucha por lograrlo?

No nos extrañaba tanto el silencio sobre las mujeres desde los historiadores y analistas políticos y sociales, como el silencio de las mujeres mismas, que adquiría perfiles, en ocasiones, de secreto de familia.

En efecto, en dos o tres obras que se internan en la historia de los movimientos feministas chilenos, hechas por las mujeres, se destacan mucho los distintos grupos, clubes o movimientos surgidos desde la primera década; luego destaca su integración en una confederación nacional para presentar un frente unitario en la lucha por el voto; y después… nada. En un comienzo creímos interpretar –en lo que nos parecía falta de perspectiva feminista– una decisión de estilo: "Ya que somos ciudadanas, hemos de participar donde estén abiertos los cauces de la vida política ciudadana y ello está expresado hoy en los partidos políticos".

Pero aún esta explicación no nos da cuenta cabal de la magnitud del silencio. Es verdad que tampoco el movimiento en esa época había formulado metas más totalizantes, más utópicas, que activaran la participación y el interés creciente de masas femeninas de manera más constante y permanente. También es posible pensar que en esa época era difícil o imposible que se manifestaran estas metas más totalizantes que inevitablemente tendrían que ver con la problematización de roles masculino-femeninos (la familia) y con la relación hombre-mujer: la revolución sexual.

El planteo de estos aspectos, si bien era inaceptable ideológicamente para las grandes masas, en esa época no estaba absolutamente fuera de la discusión social, puesto que desde 1913 se hablaba desde algunas vanguardias, como el Centro Belén de Zárraga en Iquique, de libre pensamiento, de liberalizar el amor, de rechazo al matrimonio, como veremos más adelante.

Otra de las explicaciones esbozadas al pasar, podría yacer en la inexperiencia y la inmadurez de las mujeres en el momento de ser ciudadanas. Sin embargo, ¿por qué no se habían dado el tiempo las mujeres para llegar a ese estadio de desarrollo político de los oprimidos en que se da a la luz, concretamente, un proyecto político propio alternativo?

Corriendo el riesgo de mal gusto, nos parecía estar frente a una experiencia abortada: algo había sido detenido y destruido. Decidimos profundizar en ese sentido. Las reflexiones y los hechos, el juicio feminista y sus conclusiones los presentaremos en la parte del trabajo que hemos querido ilustrar como el momento de la caída.

Después del quiebre, el problema femenino –ya no se vuelve a hablar de feminismo– se da a dos bandas: toda referencia a la mujer desde la izquierda apuntará a ese mundo real constituido por las mujeres ignorantes e ignoradas, las sin nombre, las que subsisten más allá del silencio, las que estaban fuera de la educación, la familia ordenada, la dignidad femenina. Es decir, la miseria; pero es la miseria de la madre y el niño.

Idéntico objetivo se percibe desde la otra banda, desde el centro hacia la derecha; pero ahí se enfatiza la limosna y el asistencialismo, en tanto que desde la izquierda se plantea la revolución social. Como decíamos, ya no hay problemas de la mujer.

La clase media envía a sus hijas a las universidades y aumenta sensiblemente la participación de las mujeres profesionales en la fuerza económica, o población económicamente activa, pero no sube en igual forma esta población activa general: el 75% de las mujeres sigue dedicada a ser "dueña de casa".

El panorama de la participación política tampoco cambia y no es menos conservador: no alcanza, en promedio, a ser más de un 30% el número de mujeres (inscritas) que votan por las izquierdistas en todo el período. De igual modo, la militancia femenina jamás alcanzó más allá del 10% de la militancia activa en los partidos políticos de todas las orientaciones, y en muchas ocasiones presentaban formas de adscripción bastante, por así decirlo, familiares.[41]

La representación política de mujeres presentadas como candidatas y elegidas para cargos públicos, sigue el mismo diseño hecho por Duverger para la participación política de las mujeres: bastantes mujeres no cumplen con el derecho a voto (no se inscriben); puede percibirse una creciente desigualdad entre hombres y mujeres en la vida política, sin mencionar que aun cuando consiguen ser elegidas para cargos públicos políticos, deben realizarlos en un contexto dominado por los hombres. O sea, la tendencia histórica en ningún sentido ha marchado hacia la igualdad, como pudo haberse considerado en un período de optimismo. Por el contrario, y como veremos más adelante, la mayor parte de los logros significativos para las mujeres fueron obtenidos en los momentos de su organización autónoma *previa* al derecho a voto. La mayoría de los proyectos de reforma que surgieron en esos períodos, y que no fueron acogidos, han participado del silencio en que se halla la totalidad de la problemática femenina: legalización del aborto, divorcio, capacidad plena civil de la mujer casada, capacitación integral, etc.

---

41 Klimpel, Felicitas (1962).

Finalmente, la periodización que hemos construido desde nuestra perspectiva para analizar la relación de la mujer con la política, la hemos hecho de acuerdo con la presencia efectiva (y no por la significación de la historia global) de las mujeres en lo que llamaron su "hacer política", en su ausencia en cuanto tales, y en lo que de allí se derivó para su problemática.

Es notable observar que aun dedicadas a su quehacer específico, a la elaboración política de sus demandas, los grupos de mujeres muestran una notable sensibilidad por los hechos y consecuencias sociales de la política global, nacional e internacional.

No hemos querido, sin embargo, construir su periodización en paralelo con esos hechos, tal vez más universales, pero menos expresivos del movimiento femenino. Éste ha tenido sus tiempos y espacios diferentes.

Auge y crisis no corresponden plenamente con auge y crisis de la democracia, por ejemplo, aun cuando se haya sido sensible a sus condicionamientos.

Los períodos históricos que hemos definido y ya más o menos esbozados para marcar distintas formas en la relación mujer-política son:

Los *orígenes*: surgimiento de las primeras voces disidentes, grupos, clubes, sentido del movimiento; relación con los planteos políticos.

Hemos considerado aquí la presencia femenina desde comienzos de siglo, extendiéndonos hacia 1931, período coincidente con la caída de la dictadura de Ibáñez, que marcará el inicio de la recuperación democrática popular en Chile. Por ese año, también, se ha concedido el voto municipal a la mujer. Es un fin exitoso para la primera etapa de lucha política, que se manifestará más fuertemente en sus actos del período siguiente.

En este período se percibe cierta presencia política –aunque anónima– de las mujeres en los medios obreros, especialmente del norte del país (zona de explotación salitrera y altas concentraciones de masas trabajadoras), y en los medios intelectuales: la Federación de Estudiantes y los grupos de mujeres que surgen en el campo de la educación.

El *ascenso*: desde 1931, caída de la dictadura, auge democrático y de lucha contestataria en general, hasta el logro del voto político, en 1949.

La *caída*: período de breve participación política pública, de partidos políticos femeninos autónomos; su disolución y desmembramiento. Abarca desde 1949 a 1953.

El *silencio*: después de la presencia pública autónoma, atomización del movimiento; disolución de todas las organizaciones que no fueran estrictamente de caridad o asistenciales; abandono del concepto feminista. Declinación de la participación pública femenina; surgimiento en partidos políticos; auge de "departamentos femeninos" y esporádicas asambleas de mujeres al interior de las tiendas políticas. Este período podría caracterizarse (o ser el inicio de un largo período) porque las mujeres políticas estarán siempre cerca de las máquinas de escribir, no editan diarios, apenas ensayos y novelas, pero sí gran cantidad de poesía, a decir de los críticos superflua ni creativa ni valiente (salvo nuestra Premio Nobel y 2 ó 3 excepciones).

La *participación*: tanto en tiendas de derecha como de izquierda y en el plano global. Es un período de enfrentamiento global, salvo pequeños atisbos de que "algo sucedía" con la mujer en general.

El personaje principal es la liberación social. Fue un momento en que, con más fuerza, se plantea la necesidad histórica de la liberación global y la secundariedad de la liberación femenina. Los efectos de esta postura se sentirán en la política revolucionaria y servirán como antecedente de la movilización conservadora de las mujeres de la derecha 1970-1973.

La mayor dificultad para la revisión de todos los períodos anteriores está en el hecho de que la participación de la mujer al interior de los partidos políticos de izquierda, centro o derecha, está indocumentada. Jamás los grupos femeninos no-autónomos hicieron una revista (como decíamos, la prensa fue siempre cosa de hombres). Nos referimos, es claro, a revistas editadas por mujeres, continua y autónomamente. Las excepciones las comentamos en el tercer período, donde aparecen dos revistas, alcanzando una de ellas la increíble edición de 10 mil ejemplares.

El no uso de la imprenta, más que significar, como decíamos, que las mujeres no escriben (lo hacen menos, sí) podría significar más bien que no han asumido aún aquella condición civilizatoria de que donde hay un grupo, pensamiento de un grupo, surge un documento para ser comunicado. Asumir la sociabilidad pública es hacer un manifiesto. El uso contemporáneo de la imprenta por las mujeres en el mundo es notable y algo de eso es posible hallar en nuestro país en el último período considerado.

Cambio de protagonista: es el último período que consideraremos y que va de la revolución al autoritarismo de 1973; la necesidad de replantear el problema femenino como fenómeno de importantes proyecciones políticas globales; manipulación o movilización; surgimiento de concepciones feministas; la importancia de las situaciones límite; la mujer en el cambio social; las mujeres de oposición marcan el paso; los primeros núcleos feministas: internacionalismo de la problemática y contenidos; incidencia en las revisiones políticas de la izquierda; carácter autónomo de los nuevos grupos.

2. Los inicios

Cuando S. Rowbotham se interna en la recuperación de las primeras manifestaciones del feminismo inglés y descubre en el siglo XVII algunos atisbos de presencia protestataria, nos habla de "mozas insolentes".

En nuestro similar recorrido esperábamos también encontrarnos con el grito y la denuncia, el dolor y la ira en los ojos y en la imagen del mundo de nuestras primeras feministas, puesto que, suponíamos, era ése un rasgo universal. Sin embargo, no hallamos en los comienzos de siglo en Chile insolentes mozas, sino respetables damas mesuradas. La insolencia es una acción desusada, liberada, arrojada y resuelta.

Si el feminismo es revolución, y si no se convierte una/o en revolucionaria/o por la ciencia, sino por la indignación,[42] nos parecía evidente entonces que a las feministas correspondiese el lenguaje del arrojo y no la inexpresividad de la mesura, puesto que

[42] Merleau-Ponty, Maurice (1956), p. 91.

en este último caso nos encontraríamos frente a un grupo oprimido que (a primera vista) renunciaría a emplear el lenguaje de su rebeldía, para compartir, con todo respeto, el lenguaje del orden.

Este primer rasgo, que se nos hizo evidente como característico de la primera época del feminismo, se mantendrá, sin embargo, casi inalterable a través de todo el proceso, extendiéndose aun hasta nuestros días.

No lo mencionamos por el simple deseo de jugar a la "feminista terrible". Creemos percibir detrás de esta apariencia un problema más de fondo. Elegir entre la mesura y la insolencia tiene que ver con estrategias políticas: se exige de un beneficio pretendido, aspirado. La vieja oposición entre revolución y reformismo.

Aceptar las buenas maneras, limar las estridencias de la queja, de la protesta, es, desde el dominado u oprimido, restar autenticidad a su propia rebeldía.

La exigencia desde la dominación de "buenas maneras" va más allá de una exigencia de cortesía; es un modo muy frecuente, por el contrario, de imponerle inautenticidad al rebelde, de hacerlo renunciar a su contracultura, a su ilegalidad y a su contra-lenguaje.

Solo en un momento de nuestra historia ha sido reivindicada la legitimidad de la insolencia femenina y es en una cita de *El Mercurio*, 1914, usada con otros fines por el diario y reproducida por Elena Caffarena en su libro sobre las sufragistas inglesas:[43]

"...hemos tratado de obtener nuestros derechos por todos los caminos; hemos sido demasiado señoras hasta ahora, pero en adelante vamos a pelear... podrían permitir que se nos mate, pero otras se levantarán a ocupar nuestros puestos".

Sin embargo, para el grueso de las feministas de este período, la modernidad, con sus progresos en la educación femenina, será la que produzca generaciones más atrevidas que las precedentes.

A través de las páginas de una de las revistas que comienzan a editarse en este período (*Acción Femenina*, 1922-1963), órgano oficial del ya constituido primer partido político autónomo feminista, el Partido Cívico Femenino se repite constantemente a manera de consigna: "El verdadero y noble feminismo no hace perder a la mujer sus cualidades femeninas".

---

[43] Caffarena, Elena (1952).

Pero no solo se repiten estas consignas. También a través de las mismas páginas, y frente a la consulta de una joven que se declara ardiente sufragista y que teme la oposición y rechazo del padre si se sumara al partido, se le responde oficialmente: "...primero que todo, obedecer a sus padres, y en seguida, tratar de convencerlos de las fuerzas morales contenidas en el feminismo..."

Remarquemos que se trata del primer partido político organizado para luchar por el voto político y derechos civiles para la mujer.

En contraste con esta conducta cautelosa y vigilante, en la misma publicación aparece un comunicado de la Secretaría General de Partido Feminista Nacional de Argentina. El intercambio entre grupos feministas internacionales es un rasgo muy marcado en todo el período. Dada la escasez de los grupos nacionales, podría explicarse así esta necesidad y búsqueda de apoyo de sus primeros pasos en el mundo.

El lenguaje y el contenido de las feministas argentinas son totalmente distintos: se habla de "prioridad política: votar, pues después las mujeres mismas arreglarán las leyes que las perjudican"; de que "las horas vuelan y mi propaganda está ardiendo"; dice estar dando (todas) conferencias en esquinas, plazas; y termina: "su carta me hace ver que por toda América arden fogatas de emancipación femenina, venciendo rancios prejuicios y dejando de implorar sus derechos. Éstos no se mendigan, se conquistan...". Esta insolente feminista es Julieta Lanten Rembrand, y preside en 1922 la Liga de los Derechos de la Mujer, en Argentina.

Es muy posible que esta tendencia a la armonía no sea sino parte de una cuestión más general propia del feminismo chileno en ese estadio de su desarrollo; no llega a formularse plenamente, porque no logran todavía las mujeres verse a sí mismas en la plenitud de su condición sometida. Más aún, porque las primeras mujeres que toman conciencia de que "algo anda mal", ocupan espacios privilegiados en la cultura y la educación chilenas.

Como decíamos, la afirmación de un valor está dada por la comprobación y la conciencia de una carencia. Este problema de la "dignidad" femenina como un valor de socialización, es un intento de "relleno" de esa carencia; es una manera de encubrirla.

Pero la revelación de dignidades y pedestales es un contenido que solo va a plantearse en el feminismo contemporáneo.

Es muy difícil precisar qué, ni cuándo va a actuar como donante de la conciencia feminista. Es verdad que solo hemos conocido hasta ahora, en este primer período, experiencias de protesta aisladas. Por ahí un artículo en la prensa, un libro, una revista, un grupo, una conferenciante; siempre un escándalo.

Quizá si lo más embrionario de nuestro feminismo haya sido la comprobación, entre un número creciente de mujeres, de las trabas impuestas a su propia educación. Pese a existir por decreto presidencial desde el siglo XIX la obligación pública de proporcionar educación superior y secundaria a las mujeres que la requieran, ésta tarda mucho aún en hacerse aceptable socialmente: "El mundo tiene que sufrir los embates de la guerra mundial de 1914 para que la obtención de un título profesional para la mujer esté dentro de los actos corrientes de la vida".[44]

La primera experiencia política real de ellas la constituye la educación, en tanto salida del enclaustramiento y enfrentamiento a sus opositores: es la primera puerta derribada por las mujeres en tanto género. A veces nos parece extraño que la mera educación pública haya constituido lucha, puesto que las narraciones posteriores de los hechos de "mujeres estudiando" en esa época aparecen cubiertos por un manto muy bien planchado, sin evidencias de las constricciones, de las pugnas, de los terrores, de lo que realmente fue.

Así, mucho se destaca que en Chile hubo las primeras mujeres médicos, las primeras abogadas, dentistas, etc., de América, pero no se da cuenta de la violencia social generalizada que se desplegaba sobre aquellas primeras "trastrocadoras" del estado natural de la ignorancia femenina. Martina Barros, que en 1915 traduce *The Subjection of Women* de John Stuart Mill, retitulándolo *La esclavitud de la mujer*, cuenta en sus memorias: "Las niñas me miraban con frialdad y con esa reserva que nos impone todo ser que no conocemos, y las señoras con la desconfianza con que se mira a una niña que se estima peligrosa".[45]

---

[44] Caffarena, Elena (1952).

[45] Barros, Martina (1917).

Escribir o traducir un libro era, claro, cosa inaudita en 1915 para una mujer joven. Pero también era difícil simplemente leer o estudiar.

"Niña, no leas esos libros, porque si alguien te ve, pensará que eres una marisabidilla... nadie querrá casarse contigo".[46]

Pero no se trata solo de la amenaza del desprecio por "saber" o de la soltería; en muchas ocasiones –testimonia una lectora– estaba el recurso a la violencia para desalentar a la inconformista:

"A una señorita que estudiaba en un Instituto, los muchachos la apedreaban, gritándole: 'la estudianta, la estudianta', porque era la única mujer que asistía a los cursos"[47]

Lo que hacían estas mujeres, querer saber y estudiar, por ser "cosa de hombres", constituía objeto de insulto y sanción. La idea de anti-natura.

Pero además del hecho de estar evadiendo un rol e invadiendo otro, había en la sociedad un temor *clerical.* Se atribuía, no sin fundamento, una intención laicizadora, desacralizante, a la enseñanza fiscal no religiosa femenina, lo que derivaba en restar bases políticas al clericalismo, tutor hegemónico indiscutido de esa época.

La educación *es* política, en esa época como en otras, puesto que mediante ella se forman las clases dirigentes. Desde el siglo pasado existían el conflicto y la disputa entre laicos y religiosos (liberales y conservadores) por imponer la propia "*imago mundi*" y la propia hegemonía. La clase de recambio a ser captada en los niveles medios y altos de la sociedad era, evidentemente, masculina y ambos bandos se disputaban su hegemonía. Pero los laicos fomentaban en cierto modo la inserción de las mujeres –y de hecho lograron incorporar a bastantes de ellas, sobre todo en el profesorado– en la educación media y superior.

En tanto, el bando conservador no vacila en rechazar la laicización de ese sector femenino, que constituía su más fundamental base de apoyo social, descontando el hecho de que por ser la mujer la socializadora en la familia, era efectivamente el vehículo ideal

---

46 *Acción Femenina*, N° 6, 1935.

47 Ibid.

para la transmisión de sus valores. Cualquier alteración sería evidentemente peligrosa para los sostenedores de lo establecido.

Hacia 1907, los liceos femeninos eran 31 en todo el país; aunque con algunos contenidos semejantes a los de hombres, contaban con programas propios. Para ingresar a la universidad, entonces, había que ingresar al Liceo de Hombres. A las mujeres, además de pedantes y marisabidillas, se les llamaba "zafadas".[48] Pese a todo, hacia 1927 ya se muestran estadísticas favorables: 18 abogadas, algunas pocas médicas, otras ingenieras. Con cifras cercanas al 40% de la matrícula, las mujeres ingresan al Instituto Pedagógico, donde se enseña la gran carrera femenina: educadora.

Los comienzos más propiamente políticos, o sea, la primera acción de demanda política expresada por un grupo de mujeres, es narrada por Felicitas Klimpel:

> En el año 1875, un grupo de mujeres del pueblo de San Felipe pretendió inscribirse en los registros electorales del Departamento, afirmando que la Constitución del año 1833 concedía el derecho de sufragio a "los chilenos" y que este término comprendía a los individuos de ambos sexos.[49]

El voto para la mujer fue promulgado por la ley 9.292 en 1949, casi setenta y cinco años después de esta primera acción feminista política. Antes, y algunos años después de este reclamo, cuando se hacía presente una mayor presión y pretensión femeninas, el Parlamento procedió a legislar en el sentido de precisar el significado del precepto constitucional que se refería a "los chilenos".

La ley de elecciones de 1884 y las que se dictaron después consignaron la exclusión de las mujeres en forma expresa y terminante[50] hasta el año 1949, pero con un agregado: no votarán las mujeres "en la honrosa compañía de los dementes, de los sirvientes domésticos, de los procesados por crimen o delito que merezca pena aflictiva y los condenados por quiebra fraudulenta".[51]

---

48 Vial, Gonzalo (1981), p. 171.

49 Klimpel, Felicitas (1962).

50 Ibid.

51 Barros, Martina (1917).

La crisis económica mundial afectó a Chile con mayor profundidad que a sus vecinos latinoamericanos. Esto fue así por el estilo de sociedad que se venía desarrollando desde fines del siglo pasado, y que vino a plasmarse en el momento de la crisis de modo tal que, según Aníbal Pinto,[52] aún no se recuperan algunos de sus efectos político-sociales. En el plano estatal, un enorme endeudamiento y una ostentosa agonía se arrastraban desde la crisis del salitre que viene de la Primera Guerra. En el plano social, se configura una clase obrera decimonónica muy localizada y se crea una contundente mesocracia.

Frente a ese proletariado organizado –de factura más europea que en el resto de la América Latina de entonces– destacan los historiadores la enorme ceguera moral de la derecha chilena para comprender el conflicto social.[53]

La economía salitrera necesitaba de gran cantidad de mano de obra para su explotación, lo que condujo a una enorme concentración proletaria en la pampa salitrera, en medio de desiertos constituidos en remedos urbanos: los tristemente conocidos "campamentos" y "oficinas", definidos por el aislamiento y la ausencia de apoyo familiar o urbano, lo que probablemente incidió en una mayor solidaridad en la clase obrera, y también entre los propios obreros y sus mujeres. La situación dista de ser idílica; con un mínimo de acondicionamiento humano, no es una plebe urbana que pueda usar resquicios de la ciudad o la limosna de los poderosos: es el impacto total de la miseria, del hambre, de las enfermedades y la muerte cotidiana expresada en la canción que por años hacen suya los pampinos:

Canto a la pampa,
la tierra triste
réproba tierra de maldición
que de verdores jamás se viste,
ni en lo más bello de la estación.[54]

---

52 Pinto, Aníbal; charla dictada en la Academia de Humanismo Cristiano, Santiago, mayo 1982.

53 Vial, Gonzalo (1981).

54 Nota de la 2ª Edición: Extracto de la canción "Canto a la pampa" (Fernando Pezoa Véliz - Popular), editada por el grupo musical chileno Quilapayún en su disco "X Vietnam" del año 1968.

Estas estrofas pasaron a ser, posteriormente, el canto oficial histórico del movimiento popular obrero.

Este mismo aislamiento de grandes masas de obreros en el Norte, a dos mil kilómetros del centro político en Santiago, permitió aminorar y postergar la crisis de la oligarquía en el poder. Allá estaba la presión, en el Norte; y allá mismo expresaba su tristeza, su rebeldía y era oprimida.

> El sexto día de huelga, los trabajadores del salitre seguían bajando de la pampa y llenando las calles de Iquique. Llegaban en grupos, con sus mujeres y sus chiquillos, a pie o en vagones de tren que ellos mismos manejaban...; continuó esta avalancha humana hasta el jueves, en que treinta y cinco mil pampinos repletaban Iquique; se les dio la Escuela Santa María como albergue... Allí estaba también la dirección del movimiento –nos narra Elías Lafertte–. Fríamente, el capitán Silva Renard dio la orden del crimen... disparar contra la escuela en descargas para provocar la muerte...; tras un silencio provocado por el asombro y la muerte, se elevaron los gritos de las mujeres, los lamentos de los heridos, los llantos de los niños y la indignación de los sobrevivientes.[55]

La conflictividad, como la miseria, arrasaba con todos, hombres, mujeres y niños.

Por la estrecha relación que tienen con el abastecimiento y provisión de alimentos para el hogar, las mujeres populares han formado siempre gran mayoría en las huelgas de hambre, de "la chaucha", de la carne, en movimientos contra la carestía de la vida, y también en revueltas urbanas contra el alza de la locomoción en Santiago y Valparaíso, más tarde, en 1957.

Ahogadas por necesidades inmediatas, obligadas a participar en ollas comunes, encargadas del cuidado de niños y enfermos, muy pocas o ninguna podían preocuparse de un cuestionamiento político a la sociedad, ni menos sobre la supremacía masculina. No podemos decir que no la sufriesen: los golpes, la violencia sexual, un marido que se emborracha, son parte de su cotidiano. Toda su lucubración se dirige totalmente al apoyo del trabajador, del obrero, asumiendo su parte en la nueva división sexual del trabajo capitalista que la separó de su trabajo más productivo

---

55 Lafertte, Elías (1971).

al interior de la familia preindustrial, y le entregó las tareas alimentarias y domésticas en condiciones gravosas en la familia nuclear proletaria.

Como contrapartida, la mujer pretende del obrero que adquiera las cualidades que el capitalismo necesita introducir para su mejor desarrollo: mano de obra ordenada, limpia, puntual, sobria, esforzada, con pretensiones de ahorro en su miseria; que sea defensor de la familia y conformista en su condición de "moralidad" proletaria.

El capitalismo no afecta a las mujeres populares del mismo modo que a sus obreros, y quizá sí las hace más sostenedoras y socializadoras de sus contenidos y valores, tal como lo acabamos de ver.

Como quiera que sea, las mujeres populares se hallaban casi desconectadas por completo de la conciencia feminista que se desarrollaba en las clases altas y medias. Y esto va a ser por mucho tiempo, constituyéndose incluso en el fundamento del rechazo de los sectores progresistas al feminismo, rechazo que por largos años y aún hasta el presente no acepta poner en la mesa de sus discusiones el problema de la mujer como feminismo reivindicativo y da, por el contrario, su propia definición de liberación subordinada.

Por otra parte, hay algunos testimonios que nos indican que la mujer del obrero salitrero o las mujeres del contexto comunal y social asumían también la misión de empujar a los hombres a luchar:

> Tal vez mi conciencia social aún no despertaba...y no me propuse viajar...(a la huelga)...con mis compañeros de trabajo. Pero, por la mañana al ir a desayunar a casa de las niñas Oyanedel... una de ellas se encaró a nosotros, frunció las cejas y nos dijo en tono violento:
>
> –¿No piensan ir al campamento de abajo?... Si a las doce del día no les han sacado los pantalones... nosotras nos encargaremos de hacerlo.[56]

---

[56] Ibid.

Era frecuente, al interior de los campamentos, que las mujeres dieran alimentos y apoyasen las huelgas; que se embarcaran con los obreros llevando víveres y chiquillos, y también que las fomentaran. De este hecho se derivó, por parte de la izquierda, el mito de la explosividad revolucionaria de la mujer popular chilena, cosa parcialmente cierta para la situación pampina como la descrita, pero que ni en teoría ni en la práctica permite proyecciones a nivel global.

Cuando esta masa obrera del salitre –con la rutina y abandono de los yacimientos– se reparte por el territorio nacional, constituyendo masas urbanas marginales y cesantes, la combatividad aparece totalmente diluida y la vida política de oposición popular se afinca en los partidos políticos, que hacia fines del período comienzan a proliferar.

Tal vez sea por estas consideraciones que posteriormente, cuando las mujeres progresistas asumen la relación de lo femenino con la sociedad, lo hacen de una manera mesiánica, de sueños místicos de redención moral y ascetismo.

Con respecto al desarrollo político global del país, el período donde aparecerán los inicios del movimiento feminista y sus primeros debates lo caracterizamos en una síntesis mínima, y solamente para situar el tema que nos preocupa en un contexto histórico, basándonos en diversos trabajos de Enzo Faletto[57] que describen el proceso político social chileno.

Con posterioridad a la crisis del salitre y hasta los años 20, comienza a realizarse un cambio de la vinculación económica –dependencia– con Inglaterra, hacia los Estados Unidos de Norteamérica.

Este cambio de vinculación se realiza vía la inversión en el salitre y en los servicios telegráficos y de electricidad, y se extiende también al asesoramiento en materia de políticas públicas y fiscales, todo lo cual implicó, a poco andar, que el Banco Central –y el país– empezara a depender del crédito norteamericano.

En el momento al que hacemos referencia, hacen acto de presencia pública movimientos populares y de sectores medios.

---

[57] Faletto, Enzo y Eduardo Ruiz (1970); Faletto, E., E. Ruiz y H. Zemelman (1971); Faletto, Enzo (1974); Faletto, Enzo (1982).

Surgen los caudillismos y populismos civiles y militares de Alessandri y de Ibáñez, dos fenómenos que habrán de gravitar, junto con el Frente Popular, durante todo el futuro político chileno.

Por entonces comienza el Estado a constituirse en una entidad moderna burocratizada racionalmente, y se inicia una política económica proteccionista. Es un momento en que todos, salvo la derecha oligárquica, hablarán de socialismo, y de socialismo de Estado. Sin embargo, junto con esta vía proteccionista, se mantiene una práctica –como contrasentido– monetaria de índole ortodoxa (mantención de padrón de oro). La acción estatal asume el *trust* de ventas del salitre, de la sal y del yodo; tiene tuición en la educación y, a través de ella, se comienzan a desarrollar cambios ideológicos profundos y transformadores en muchos sentidos.

Esta corriente modernizante también afecta al ejército, que renueva su contenido estamental a través de una misión prusiana que lo profesionaliza, lo abre a las clases medias provincianas y desarrolla en su interior un autoritarismo a la prusiana: modernizan a sangre y fuego.

Esta configuración origina un caudillismo y rebelión de los militares jóvenes que incorporan, junto con un sentimiento pro alemán, el discurso fascista, anti-estamentario, anti-oligárquico y de fuerte contenido nacionalista-militarista. A esta movilización se opone el populismo de Estado, alessandrista, de carácter civilista.

En el plano civil se está formando, a partir de la Universidad de Chile, laica, y de su Federación de Estudiantes, una nueva generación de intelectuales. Mujeres de la nueva clase media están allí aunque en escaso número, y son las que fundarán o animarán la mayoría de los grupos, clubes y partidos de mujeres que nacerán en el período. Nombres como Amanda Labarca, Elena Caffarena, Aída Salas, junto al de otras mujeres venidas desde distintas inquietudes discrepando de la clase alta o aristocrática, aparecen en el panorama intelectual y político.

En los caudillismos que surgen, se producen mezclas de autoritarismo, izquierdismo y populismo, que se disputarán los votos de los sectores medios y populares. El cohecho es el gran tema.

En las campañas de los candidatos, por ambos bandos, ya sean populistas o partidos tradicionales, participan bastantes mujeres como fuerza de propaganda y movilización. Más de una vez escuché el relato indignado de una dama que, participando en una de esas concentraciones del candidato de la derecha, escuchó gritar por un altavoz desde los balcones de un diario popular: "muchos p... pocos votos". En cuanto las mujeres pasaban a ser fuerza potencial del contrincante, dejaban de ser identificadas como sujetos actuando políticamente, siendo etiquetadas de inmediato con la burda clasificación sexista.

Luego del gobierno populista civil de Alessandri, llega al poder Carlos Ibáñez por un golpe militar; primero como ministro, luego como dictador. Ya para 1925 el ibañismo había desmontado cuidadosamente todo el engranaje del movimiento obrero y popular y el de las clases medias, repartiendo –fondeando en el mar– a lo largo del país a sus dirigentes políticos, apresándolos o mandándolos a las islas.[58]

Para terminar este brevísimo esbozo de contexto, hay que mencionar la Primera Guerra Mundial que, evidentemente, impregna, sensibiliza y define muchas posiciones en el esquema político, además del gran costo moral y económico que tuvo para todos los países del mundo.

Para la mujer, en su hacerse política, el conflicto bélico incidió en varios aspectos: "La gran guerra esparció por todas partes el movimiento feminista y trajo una repentina preponderancia de la mujer, lo que obligó a los países (EE.UU., Inglaterra, Francia), a concederle los derechos civiles y políticos".[59]

Vale decir, y como efecto no deseado, incorporó a las mujeres al trabajo productivo, lo que incidió en mayor empuje para exigir sus derechos.

En Chile, que no está en guerra y que no incorpora sino débilmente a las mujeres a su sector laboral, no surge esta presión en la misma magnitud. La influencia de la guerra es más bien la de abrir un profundo debate ideológico en torno a temas como el pacifismo, el concepto de Patria, de política, etc., que veremos en los párrafos siguientes y que tratan de las organizaciones femeninas y los problemas que se plantearon.

---

[58] Lafertte, Elías (1971).

[59] *Acción Femenina*, N° 6, 1923.

3. Tiempo de señoras

Entre los años 1915 y 1924, período llamado de formación del movimiento feminista por quienes se han ocupado de su estudio,[60] se crean instituciones femeninas, agrupaciones, clubes; los más variados grupos de mujeres de diversos orígenes sociales, económicos y políticos realizan acciones y reuniones nacionales e internacionales.

No son todas claramente feministas ni sufragistas. Algunas enfatizan la cultura y la educación; otras, la política social, el laicismo o la religión. Pero todas traen la novedad de ser total o parcialmente iniciativas de mujeres organizadas –en pequeños grupos– para ocuparse de su condición.

Más específicamente, nos abocaremos a relevar, desde los distintos énfasis puestos por las actoras, aquellos aspectos más directamente relacionados con lo político. Veremos luego los temas que cada organización plantea, las divergencias, las oposiciones encontradas, y los intereses que lograron conciliar para las futuras luchas de reivindicación feminista.

Luego de la descripción de los grupos, iremos estableciendo la conexión de cada una de esas expresiones de organización femenina con lo político-ideológico y lo político-partidario. Para concluir, ilustraremos este punto con algunas opiniones de los medios de comunicación social públicos, sobre estas organizaciones.

1913: Nacen los Centros de Belén de Zárraga

> Contrariamente a lo que se cree –dice Elena Caffarena–, no fueron el Círculo de Lectura (1915), el Club de Señoras (1916) ni el Consejo Nacional de Mujeres (1919) las primeras instituciones femeninas surgidas en Chile. En varios años se les adelantan los Centros femeninos 'Belén de Zárraga', que surgen en el año 1913 en Iquique, Antofagasta y las principales oficinas salitreras.

Estos Centros, según su declaración de principios, se componen de mujeres que voluntariamente y solo por amor a la verdad se comprometen a no tener relación directa ni indirecta con el clericalismo y sus instituciones.

---

[60] Ver: Klimpel Felicitas (1962) y Covarrubias, Paz (1978).

Pero no se limitaron a la lucha y la práctica laicista. Inscritos en lo que habrá de ser más tarde el feminismo de izquierda, se incorporaron al proceso de lucha social que se desarrollaba en toda la zona del salitre. Su temprano surgimiento y su –podríamos decirlo– proliferación relativa, se debe a la confluencia de tres factores.

En primer lugar, incide el hecho de la gran concentración de mano de obra y de sus respectivas familias en torno a la extracción del salitre, y a la importancia que allí ha adquirido la organización obrera política y solidaria, con una relativa participación de las mujeres en las acciones de protesta emprendidas por el movimiento obrero, tales como huelgas y manifestaciones.

Incide también el interés especial que dentro de la formulación política popular socialista y anarquista asumida por los principales dirigentes políticos de la época despertaba la problemática de la mujer, así como la prioridad e importancia que se le reconocía.

Luis Emilio Recabarren, fundador en 1912 del Partido Obrero Socialista, en Iquique, y que más tarde se transformaría en la cuna del Partido Comunista Chileno, siempre demostró un vivo interés por el tema de la emancipación femenina, insistiendo sobre la necesidad de atender preferentemente a su educación, liberarla del fanatismo religioso, de la toma de conciencia por parte de las mujeres de su propia responsabilidad social. Desde las páginas de *El Despertar de Iquique*, periódico que dirigía, dedica una cantidad impresionante de artículos y noticias a las nuevas ideas de liberación femenina y a las acciones de las sufragistas en el mundo. Gracias a su labor fue posible para las chilenas enterarse más objetivamente de los hechos, sucesos y planteamientos de las feministas de otros países, cosa que el resto de la prensa nacional siempre ocultó, desvirtuó y atacó "como descabelladas locuras antinaturales".

Es importante, desde nuestra perspectiva feminista, destacar cuál es el grado de inquietud, difusión y conocimiento que ha habido en diversos momentos de la historia sobre la problemática femenina.

La tan marcada actuación de Recabarren por la emancipación femenina supone ciertos problemas bastante más complejos, que habría que analizar en profundidad.

Dado que este hecho y el significado posteriormente atribuido a él va a incidir a lo largo de todo el proceso de relación de la mujer con la política de izquierda, destacaremos con algún detalle lo que Recabarren y el diario *El Despertar de Iquique* realizaron en pro de su emancipación.

Así se publican, durante 1913, una serie de artículos referidos a la concesión del voto a las mujeres en Albany, EE.UU.; sobre "La mujer de hoy y la de un cercano mañana"; sobre el feminismo en Inglaterra, la reforma electoral en Inglaterra, artículos de Belén de Zárraga tales como "La mujer como entidad social", "La mujer en acción"; artículos sobre el voto de las mujeres, opiniones de Mme. De Staël y Paul Margueritte; "Lo que piensa Clara Zetkin", etc.

Se realizó, además, una gran difusión del sufragismo internacional y del movimiento de emancipación emergente en Chile, informado sobre la fundación de los Centros femeninos, sobre las veladas realizadas y sus declaraciones de principios.

Para estimular a las mujeres a escribir, a expresarse sobre el tema de su liberación, Recabarren había recomendado a sus discípulos y colaboradores que recurrieran a un ardid: escribir con pseudónimo femenino. Así, por ejemplo, Salvador Barra Woll firmó sus artículos con pseudónimo de Dora Vals.[61]

Los resultados de esta estratagema, si estimularon realmente a las mujeres a escribir, es cosa que no podemos afirmar ni negar completamente. Algunas lo intentaron con artículos y conferencias, pero, de hecho, el diario de Recabarren comienza a ser frecuentemente clausurado (es el órgano del Partido Socialista Obrero) y posteriormente, él mismo deja la dirección. Fue, en todo caso, tremendamente prolífico: nos ha dejado una herencia de varias versiones de *El Despertar*, fundado e iniciado por él mismo en varias ciudades del país. Sin embargo, fuera del énfasis pro liberación de la mujer que se divulga en la zona del salitre, no hay vestigios de lo mismo en las restantes ediciones.

---

[61] Caffarena, Elena (1953).

Cuando Recabarren plantea la liberación de la mujer, permanentemente enfatiza el hecho de que ésta y el trabajador tienen en común que son seres oprimidos desde tiempo inmemorial; que a pesar de todas las modificaciones, esta opresión se ha mantenido invariable; que es "rareza que la mujer y el trabajador hayan llegado a tener conciencia clara de su servidumbre y menos aún la mujer, porque está colocada a nivel más bajo que el obrero; porque ha sido y es aún considerada y tratada por éste como ser inferior". Y agrega que se trata de una esclavitud que dura centenares de generaciones y que, por eso mismo, "acábase por convertirse en costumbre, haciéndola aparecer natural a ambas partes".

Y continúa: "De este modo se ha habituado a la mujer a considerar tan natural este estado de inferioridad, que cuesta trabajo persuadirla de lo indigno de su posición presente y de que debe aspirar a ser en la sociedad un miembro investido de iguales derechos que el hombre; su igual en todos los conceptos".

En fin, la claridad y el compromiso con que Recabarren asumió el problema de la liberación femenina ha incidido en que, a lo largo de los años, las mujeres del Norte que le conocieron, siguieron y fueron alentadas por él en la creación de los Centros femeninos; que tuvieron acceso a sus diarios, así como el resto de las mujeres de su partido; y aquéllas que siguieron su ideario de lucha social, siguen tributando a don Luis Emilio una gran veneración.

> ...no me pude contener y más de una lágrima húmeda se deslizó por mis mejillas al recordar que yo pertenecí como secretaria del Centro femenino "Belén de Zárraga" del año 1913 en Iquique i tuve el alto honor de ir a bordo a recibir a la señora Belén de Zárraga que venía ha visitarnos en persona i dar 9 conferencias en el Teatro Municipal de Iquique ¿i sabe quién fue el precursor y el guiador de esta gran enseñanza libre pensadora? el Apóstol Luis Emilio Recabarren...[62]

No solo escribe Recabarren sobre feminismo; hace escribir, alienta y participa personalmente en las actividades de los Centros. Es tal su entusiasmo y preocupación por incorporar a la mujer al movimiento social, que llega hasta ensayar en el campo de la

[62] Carta de doña Elvira Reyes a Elena Caffarena, fechada en diciembre de1953.

poesía: es el autor de la letra del Himno de los Centros Femeninos, que se cantaba con la música del coro de la ópera "Norma".

Decíamos que el surgimiento temprano de estos Centros en el Norte se debía a la influencia por una parte del particular estado de desarrollo del movimiento popular en la zona del salitre, y al interés y reconocimiento que el Partido Obrero Socialista había atribuido a la emancipación femenina.[63]

Nos falta agregar, por su importancia, que sin la presencia de la misma Belén de Zárraga, de su fogosa oratoria feminista, anarquista, libre pensadora y anticlerical, que alentó a las mujeres a organizarse y dar vida a la reivindicación emancipatoria, no hubiese germinado "esa semilla paciente desparramada por Recabarren", ni se hubiesen creado centros de mujeres en Iquique, Antofagasta, Lagunas, Negreiros, y en casi todas las oficinas salitreras.

Si consideramos que en esa época tanto la moral como la reglamentación de la vida, la escala de valores que orientaba la pertenencia a clases, y la inevitabilidad de los roles sexuales estaban bajo la influencia de la ideología católica, el discurso anticlerical de Belén de Zárraga, su prédica de libre pensamiento y el cuestionamiento a lo establecido parecen de una osadía extraordinaria; pero es más sorprendente aún el entusiasmo y adhesión que logró de las mujeres chilenas de la época y la enorme actividad que éstas desplegaron.

Tal vez no haya hecho, simplemente, más que poner en evidencia el carácter constrictor de la dominación existente en la situación límite de la miserable vida en los campamentos; la brutalidad de la represión de toda exigencia de trato humano hecha por los sectores populares. Tal vez Belén de Zárraga les haya mostrado la naturaleza total del poder y todas sus facetas: la coacción, insensibilidad, explotación, clericalismo, la represión brutal (recordemos Santa María) que no respetaba mujeres, niños, ni ancianos; y que ante ello haya opuesto la posibilidad de una vida libertaria, justa, de amor a la verdad y a la solidaridad, a la vez que

---

63 Entre los 20 fundadores del Partido Obrero Socialista, el 4 de julio de 1912, según cuenta Elías Lafertte, figura como fundadora, además de Recabarren, Teresa Flores: "su compañera era por aquellos días la verdadera mujer de un líder proletario, que no solo lo acompañaba como tal, sino también en las actividades políticas".

la restitución de sus identidades humanas como mujeres. Pero, y tal vez lo más importante, les demostró la posibilidad del desafío.

Al decir de Elena Caffarena, "con sus conferencias logró electrizar a los elementos más liberales de Iquique y también a nosotros, los socialistas. Era una mujer arrogante...ofreció ocho conferencias... que provocaron uno de los mayores escándalos que recuerda Iquique. Los curas la injuriaban y hacían propaganda contra ella desde el púlpito, en la calle, de casa en casa".

Belén de Zárraga seguía impertérrita su tarea de divulgación del laicismo y mostrando al desnudo la política del clero, al que acusaba de realizar con las muchachas en el confesionario una verdadera desfloración moral.

Sin ahondar más en este aspecto, mencionemos solamente que la actividad desplegada por los Centros Belén de Zárraga fue de magnitud tal, que difícilmente pudo ser igualada cuarenta años más tarde, aun en condiciones bastantes más favorables en cuanto al desarrollo político y social de las mujeres.

Durante su primer año de vida, los Centros realizan treinta y seis reuniones generales, ocho veladas y conferencias; asisten en un grupo a veinticuatro manifestaciones públicas en Iquique y en la Pampa; participaron en sesenta y ocho actos públicos y celebran su primer aniversario en el teatro de la localidad. Es la "única organización en Chile en su género que desarrolla la hermosa obra de libertar las conciencias femeninas del fanatismo salvaje que aún supervive", dice Recabarren en *El Despertar de Iquique*.

Constituyeron el primer directorio del Centro femenino de Iquique: Teresa Flores, Juana A. de Guzmán, Nieves P. de Alcalde, Luisa de Zavala y María Castro, entre otras, información que consignamos para darle nombre a la invisibilidad de esa parte de nuestra historia.

Esta movilización de las mujeres de la Pampa, su entusiasmo en propagar la buena nueva de la emancipación en conexión con los partidos de izquierda, con los partidos proletarios, protestatarios, que a su vez daban su lugar a la mujer, que reconocía su condición "más oprimida que la del propio trabajador", en fin, toda esta dimensión de feminismo progresista que plantea ya en 1913 en términos precisos el problema de la opresión de la mujer, ¿cómo llega, a pesar del proceso de desarrollo político, a olvidarse de sí misma?

Es decir, ¿por qué no reaparece sino muy tangencialmente, después, este planteo en los futuros partidos más desarrollados orgánica e ideológicamente de la izquierda? Y aún más, ¿por qué el rechazo posterior a los feminismos, que siguen denunciando una condición de opresión que ni el desarrollo material ni ideológico ni político han permitido superar?

Por otra parte, ¿por qué ni el mismo feminismo de izquierda que se va a constituir más adelante, en 1936, en el MEMCH, quiere derivar en una organización política autónoma que siga adelante con la línea reivindicacionista feminista y busca, por el contrario, su propia disolución una vez alcanzado el voto? ¿No estaba acaso suficientemente reconocida la necesidad de organismos propios actuando con autonomía, pero convergiendo en el interés social global? Nos preocupa este silencio de los partidos y de las mujeres.

Una primera explicación a esta contradicción que delinea, por una parte, *claridad en el planteamiento del problema femenino* y en su relación con el problema de la emancipación social y necesidad de la organicidad feminista, emancipatoria y, por otra parte, *la negación de ésta en la práctica política partidaria*, presentando como irreconciliable ser feminista y ser izquierdista, podría ser lo que llamaremos, por ahora, una "fantasía de la realización por invocación".

Lo decimos en el siguiente sentido; hay ocasiones en que se cree que por el hecho de estar planteado, o más bien por haber sido planteado con claridad un problema, éste ya está resuelto y entonces no se considera necesario seguir en su obligación; planteado, definido, se le atribuye un lugar en la resolución final y no se vuelve a su revisión. Esta idea, esta suerte de escamoteo tan propia a la ideología de izquierda con respecto de la problemática femenina, se trasladará posteriormente a todo el movimiento de las mujeres de izquierda.

A Luis Emilio Recabarren, el hecho de haber planteado oficialmente, desde la política, con claridad y precisión el problema de la mujer, le valió ser convertido en símbolo de una ya no más discutida emancipación femenina en el pensamiento de todos los partidos y corrientes ideológicas derivadas del Partido Obrero Socialista (hoy Partido Comunista), y es citado cuidadosamente en los programas y conmemoraciones que incluyen el vocablo "mujer". Pero con ello no se está cumpliendo, con justicia, con el reconocimiento a su aporte, que fue destacar la naturaleza política y revolucionaria de la emancipación femenina, presentándola a su vez como una revolución, como un proceso de *había de hacerse* y definirse dinámicamente en el tiempo.

Frente a ello, es posible pensar que dicha fantasía de la realización por invocación obedece a que, interesadamente, se busca la no-elaboración de la práctica política de la emancipación femenina; o que se trata de una falsa percepción del problema.

Desde un punto de vista feminista, las teorías sobre el patriarcado podrían explicarnos las razones por las que este escamoteo o recurso de invocación opera tan eficaz y repetidamente.

Por ahora, los partidos, por el hecho de no haber visto en los sucesos históricos relatados un inicio que había de ser desarrollado desde las mujeres mismas con miras a su liberación, seguirán alimentando esta fantasía, con las limitaciones que les introduce el análisis político, y que incluso hoy se expresa en el siguiente aserto: el feminismo (o emancipación) es un problema legítimo, que debe ser asumido; pero que las mujeres se organicen separada y autónomamente, es una desviación antipartidista y antimasculina.

1915: se crea el "Círculo de Lectura de Señoras". Este Círculo es creado por iniciativa de Amanda Labarca, escritora, educadora, militante del Partido Radical, delegada a la Asamblea de las Naciones Unidas, miembro del Consejo Universitario, indiscutible líder en la lucha por el sufragio femenino; escribe numerosas obras sobre la emancipación femenina y su proyección, y participa en la dirección del periódico *Acción Femenina* y, seguramente, en el Partido Cívico Femenino, creado en 1922.

Este Círculo se organiza siguiendo el modelo de los Readings Clubs de Estados Unidos. La motivación predominante es un afán e inquietud cultural de las mujeres por incorporarse y conocer el mundo.

En 1916 nace el Club de Señoras

Surgió como una corriente dentro del Círculo de Lectura y lo constituyen fundamentalmente las mujeres de la clase alta. Su fundadora es Delia Matte de Izquierdo.

El Club será la expresión organizada de la preocupación de las mujeres en los sectores altos de la sociedad que advierten el peligro que encierra para el futuro de sus hijos y su clase la evidencia de su propia ignorancia, al compararse con las mujeres de los estratos medios, entre las cuales ya había médicas, abogadas, educadoras y que, en gran número, se han ido incorporando a la educación y la cultura.

Inés Echeverría (Iris) señala que "con nuestra mayor sorpresa han aparecido unas mujeres perfectamente educadas, con títulos profesionales, mientras nosotras apenas sabemos los misterios del rosario... Entonces sentimos el terror de que si la ignorancia de nuestra clase se mantenía dos generaciones más, nuestros nietos caerían al pueblo y viceversa".[64]

En un comienzo, las señoras del Club tienen metas definidas: mejoramiento cultural del sector social al que pertenecen –absolutamente restringido al saber ritualista de la religión y a la práctica minuciosa de sus rutinas–, con el fin de ser mejores madres de los hijos de la futura clase dirigente. Con el andar del tiempo cultural, hacen suyo cierto espíritu libertario que, sin alcanzar el valor de la negociación de lo establecido, como fue en el Norte, permitirá una cierta evolución dentro de la nueva generación de mujeres y deja en claro la condición de "inutilidad" y de "accesorio" que ellas son para los hombres de la clase dominante:

> Iris encara a aquéllos que impedían a la mujer ampliar su capacidad intelectual; en el Círculo, decía: "¿Cuáles han sido los peores enemigos de la evolución de la mujer?" Y contaba: "naturalmente, los que creían ser despojados de su dominio secular, es decir, los hombres en su calidad de clérigos, de padres o de maridos"... pero a nosotras nos cabe la honra de ser las primeras mujeres que abrimos la puerta de la vieja jaula colonial... Dejamos de ser momias petrificadas en dogmas o autómatas movidas por resortes.[65]

---

[64] Klimpel, Felicitas (1962, p. 237).

[65] Revista *La Tribuna*, noviembre 1917.

La influencia de este grupo en 1917 induce a la fracción joven del Partido Conservador a presentar en el Congreso el primer Proyecto de Ley para conceder a las mujeres los derechos de ciudadanía.

Tanto en el Club como en el Círculo de Lectura, pese a ser uno de clase alta católica y de clase media laica el otro, se realizan sesiones semanales, se dictan conferencias sobre el voto político, la cultura y la moral de la mujer, el concepto de patriotismo, etc.[66]

Estos actos y hechos chocan con la reacción adversa de parte de quienes los perciben como amenaza o socavamiento moral de los pilares sociales básicos: la familia, el poder de la mujer en su interior y, por lo tanto, del orden social existente. El ataque fue violento, no importando cuán clase alta fuesen las mujeres: "Las jóvenes de los años posteriores a los 30 ignoran el ludibrio y la desaparición porque atravesaron sus madres para lograr un puesto de pareja de equivalencia con el hombre".[67]

Lo que es cierto para ambas organizaciones, es la universalidad de la opresión de la mujer. Aunque los comienzos del Club se deben a su temor al cambio de su propia condición como clase dominante –y la de sus familias–, estas mujeres no agobiadas por lo material y concreto llegarán sin embargo a la evidencia de que el conocimiento y el saber es poder y viceversa, y que este poder es masculino. Aun cuando parten por el temor de ser suplantadas como base dominante por las nuevas mujeres cultas de la clase media, llegan a tener conciencia de su carencia cultural como mujeres y de su opresión.

Estamos en 1919. Desde el Círculo de Lectura inicial, se desprende un grupo de mujeres que forma el Consejo Nacional de Mujeres. Comienza un decidido debate feminista y se presenta un programa de acción que va a traducirse, en 1922, en un proyecto sobre derechos civiles y políticos de la mujer. Participan en él Amanda Labarca, Celinda Reyes y otras mujeres. Su finalidad fue incorporar a la mujer al estudio y preocupación por sus derechos políticos, civiles y jurídicos.

---

[66] Covarrubias, Paz (1945).

[67] Labarca, Amanda (1947).

El Consejo[68] recibe el apoyo de personeros políticos como Pedro Aguirre Cerda (radical) y Arturo Alessandri, populista, a la sazón anti-oligárquico, quienes colaboraron en los procedimientos legislativos para la elaboración de proyectos de reforma de la condición de la mujer.

El Consejo hace en 1922 una petición al Presidente de la República, en el sentido de que se le conceda a la mujer el goce de sus derechos políticos, empezando por las elecciones municipales "a modo de campo de experimentación al sufragio cívico (...), puesto que la intervención de la mujer en la política es depuradora y novilísima".[69]

Estas peticiones no solo son humildes, sino que también ya se empieza a insinuar otro de los signos más característicos de todo el movimiento feminista chileno: la atribución de cualidades mesiánicas, depuradoras, a la acción "incontaminada" de las mujeres en la política: "La evolución femenina nadie la podrá contener, es una necesidad de toda una época, y la obra anárquica de hoy día será combatida por esta evolución salvadora". Esto acarreará diversos tipos de problemas más adelante. Primero, ese aire de incorruptible, a la Robespierre, alejará más de alguna voluntad de apoyo de los sectores políticos masculinos; segundo, dificultará enormemente y terminará por impedir la participación política de las mujeres.

Sin embargo, el carácter "depurador", "compromiso político", "transacción" y "conciliación", no suelen ir juntos.

4. Tiempo de políticas

1919 es también el año de la creación del Partido Cívico Femenino. Participan en esta iniciativa, entre otras mujeres, Ester La Rivera de Sanhueza, fundadora y primera presidenta, junto a Elvira de Vergara, Berta Recabarren, Graciela Mandujano y Graciela Lacoste.

Muchas de ellas son radicales (laicas) o de un catolicismo muy moderado, cristiano moderno, por así decirlo. Su finalidad

---

68 Covarrubias, Paz (1945).

69 Ibid.

principal consiste en la ampliación de los derechos femeninos, pero siempre desde la irrestricta norma que difunden desde las páginas de su revista. Declaran allí que "el feminismo no es de violencias", "la mujer moderna no pide nada injusto ni abusivo". Esa extremada cautela, aunque puede explicarse por la violencia represiva del medio social de entonces, presenta los problemas que más arriba, en el inicio de esta parte, hemos consignado.

Sus estatutos fueron elaborados después de un interesante intercambio epistolar con todos los movimientos feministas de habla hispana de la época, los que, en singular espíritu de internacionalismo feminista, facilitan la tarea a sus hermanas chilenas. Así, se reciben estatutos del Consejo de Mujeres Feministas, de Mujeres Españolas y ejemplares de la Revista *Redención*, además de los estatutos de la Liga Española para el Progreso de la Mujer, primera entidad feminista creada en España. De Argentina se reciben aportes de la Liga de Derechos de la Mujer y de la secretaria general del Partido Feminista Nacional.

Con todos estos aportes, en 1922 se plasman los estatutos del PCF, que en síntesis proponen:

- Conseguir reformas legales para que la mujer pueda tener los derechos que por tanto tiempo se le han negado (voto y derechos civiles);
- Uso consciente (por parte de las mujeres) de las prerrogativas que les aportarán sus legítimos derechos;
- Mejorar la condición de la mujer y el niño; tutela y protección de la infancia, protección a la maternidad;
- Se declara autónoma e independiente de toda agrupación política o religiosa;
- Abolir todas las disposiciones legales y constitucionales que colocan a la mujer en una inferioridad indigna.

El Partido Cívico Femenino logra la creación de sedes en Quilpué y Concepción.

Sin embargo, la incidencia más notable del PDF fue la edición y difusión de la Revista *Acción Femenina*, editada durante un período que abarca casi 14 años (interrumpiéndose su circulación en el período de la dictadura de Ibáñez) y llega al inusitado tiraje de diez mil ejemplares, cifra impresionante para una revista feminista y disidente. Los propósitos, metas, valores, contenidos y acción del Partido Cívico Femenino desfilan por sus páginas.

Siempre con miras a lograr la "organización de un Estado social en que se conozca a la mujer como algo más que objeto de lujo y placer...", se indaga sobre la naturaleza del rechazo al feminismo: "Desde las mujeres pobres que, abrumadas por trabajos rudos (...) no disponen de tiempo para reflexionar (...) o por 'esas otras' que, festejadas por su belleza o posición social (...), cifran su orgullo (...) en una vida necia e insensata (...) a la orden de los que 'mandan' en la actual sociedad". Concluye que con medios de cultura y acceso a todos los puestos y cargos, se sentarán las bases de una nueva condición.

Constata la indiferencia y el desaliento de parte de las que *más* debieran interesarse en su redención. En política, a diferencia de las demás entidades feministas que ha consultado para sus estatutos, el PCF plantea el voto femenino subordinado a la educación cívica de la mujer: opta por la alternativa "primero educar, luego decidir".

Según constata *Acción Femenina*, aunque todos los partidos políticos han establecido declaraciones en sus últimas convenciones, en el sentido de que ninguna democracia moderna debe excluir a ninguno de sus individuos del ejercicio de los derechos ciudadanos, el *logro* de esa expectativa para las mujeres está aún lejana.

Proponen el voto municipal, a modo de ensayo-aprendizaje para el voto total. Debido a ello, el Partido se lanza en campaña y movilización pro voto municipal, en el entendido de que la administración comunal edilicia se halla más cerca del ámbito femenino (la economía del hogar) que del masculino, que lo desvía a "politiquería".

Se presentan diversas demandas e iniciativas al Congreso: legislación sobre el trabajo de la mujer, su condición jurídica y la formación de una Caja Nacional de Previsión del Trabajo.

En educación, llaman a una cruzada por una emancipación social y cultural que combata la peligrosa tendencia al romanticismo, que no desprecie cuestiones económicas; que hable de la crisis que azota al mundo; que las haga abandonar prejuicios, y pensar en títulos universitarios para las hijas: "conviértanlas en fuerza productiva"; llama a no educar con el dogma de que la única escuela es el matrimonio, "inercia que ha deformado su cerebro". Desde las más ricas a las más pobres, las llama a organizar su vida con sus propios recursos. Se defiende la coeducación como forma de que niños "aprendan a respetar" a las niñas, y éstas a tratarlos como compañeros.

Es necesario acotar que en la defensa y realización posterior de estas ideas, opera también esa "fantasía de la realización por invocación" a que hacíamos mención: el supuesto de que ya niñas y niños son iguales compañeros, sin relevar la incidencia de la socialización temprana ni las exigencias de roles de género que se ejercerán sobre cada uno, *vayan o no* a sistemas coeducacionales. Es un avance, pero no lo es todo.

Se denuncia también la calidad de la enseñanza a las mujeres desposeídas, realizada por organizaciones femeninas cristianas "caritativas": "La *instrucción* es deficiente; apenas les enseñan nociones escasas de instrucción y no existen los talleres que mencionan en su colecta, y solo hacen de ellas dóciles criadas de las mismas damas caritativas o de sus relaciones".

Se destacan por otra parte los "prejuicios en contra del trabajo femenino", dada la comprobación de que el 77% de las mujeres solteras habitantes en Santiago trabaja "para la subsistencia de padres y hermanos y el 23% de las casadas hace lo mismo",[70] prejuicios que sostienen las "inactivas" de clases media y alta que se concentran a gravitar sin producir.

Es una ética del trabajo ligada al feminismo de la independencia económica, pero que, humanas al fin, piden "no entregarse a labores que atrofien la femineidad... que maten cualidades vitales... y que no la lleven a ponerla en el mismo plano de fuerza y resistencia del hombre..." Claro que en seguida se acota que "no todas escogen trabajos contrarios a su naturaleza; algunas lo hacen por necesidad".

Con tiento también comienzan a aparecer juicios sobre el divorcio, marcando su necesidad pero estableciendo que antes

[70] *Acción Femenina*, N° 2, 1922.

debe prepararse a la mujer para una vida económicamente independiente.

La mujer obrera, la mujer popular, es también foco de interés del Partido: se dan conferencias en centros obreros femeninos sobre higiene, conocimientos de cultura cívica y, en especial, sobre el inicuo sistema de explotación del trabajo de la mujer proletaria. Abundan relatos sobre aspectos miserables de las jornadas de trabajo de las obreras que, además de un mal pago y privaciones, deben sufrir desprecio social y maltrato de parte de hombres. La "consideración" social hacia las trabajadoras había sido proverbial en el país.

> En los tranvías tirados por caballos… las *cobradoras*, llamadas conductoras, despertaban la sorpresa de los visitantes… único país en que he visto a las mujeres en semejante ocupación, escribió Child… de esta costumbre venida de la guerra con Perú y Bolivia… El machismo persiguió a estas esforzadas mujeres con pullas y maledicencias.[71]

Otro tema recurrente es el alcoholismo y sus secuelas, en fuerte conexión con el "papel moral del feminismo como reformador de lacras sociales". Idéntico mesianismo al que mencionábamos más arriba.

Queremos destacar, en el planteo de todos los temas, sin excepción, ese lenguaje de señoras, pulcro, educado, pero profundamente lamentoso con que se expresa la demanda feminista, y que habla más de conminación moral que de la exigencia de un derecho:

> Queremos que se oiga nuestra voz por amor, por caridad… los que están encima de nosotros nos *demuestren* que tienen corazón y recta conciencia, no desoyendo nuestra voz, que es el lamento del apresado, el lamento del que en aparente libertad, ahoga el dolor bajo el peso de las cadenas que lo sujetan.[72]

En 1924 se realiza en Santiago la V Conferencia Panamericana que vota la primera recomendación oficial de otorgar los derechos políticos a las mujeres latinoamericanas.

---

[71] Vial, Gonzalo (1981).

[72] *Acción Femenina*, Nº 4, 1922.

El resto de las agrupaciones femeninas –y las había muchas– estaban orientadas a la comunidad religiosa, caridades de diversos tintes y destinatarios, que –hoy como ayer– partían de iniciativas de aristocráticas y "oficiales" familias, y tocaban levemente la miseria de sus congéneres.

En 1927 se funda la Unión Femenina de Chile, en Valparaíso, con intenciones de reivindicación civil y política, la cual seguirá vigente hasta 1938.

Para terminar este período de los inicios del movimiento feminista, podríamos decir que en él se ha producido una doble declaración.

Para las mujeres aristocráticas que fundan el Club de Señoras, se hace perceptible todo un conjunto de rasgos que pervierten a la mujer desde el privilegio: inutilidad, privación de voluntad, atrofia intelectual, y se comienzan a perfilar rasgos de modernismo y antioligarquismo. Se aclara que el privilegio no favorece la condición de la mujer, sino que la pervierte de otra forma; que ellas están tan desprovistas de derechos como cualquiera, aclarándose la raíz sexista de su condición.

Para las mujeres progresistas y de izquierda, es evidente que, aunque sin trabas morales o religiosas, su acceso al mundo del hombre –trabajo, profesionales, cultura y política– no es nada sencillo, y que, por el contrario, relevan los contenidos de la opresión en el plano de la discriminación genérica. Para ambos grupos aparecen nuevos valores: individualidad, responsabilidad, cultura y conciencia, y son valoradas las ciencias, la técnica y la vida pública como fines deseables para todas.

A su vez, la consideración negativa que hacen las clases medias del antiaristocratismo (como valoración del ocio y no del trabajo digno) se transmite vía el feminismo a las mujeres provenientes de ese sector, aumentando, de otro modo que con el simple asistencialismo, su sensibilidad social.

La "modernidad" que afecta a hombres y mujeres ha incidido mucho más profundamente en éstas, dada la moral restrictiva religiosa en que han debido debatirse. El atrevimiento de estas mujeres era relativamente más vehemente que el radicalismo revolucionario de otros sectores. Se trató, verdaderamente, de un cambio cualitativo e irreversible.

Los caminos que posteriormente siguieron estos grupos (nos referimos más bien al Partido Cívico, que es el único grupo que perdura hasta la década siguiente) evidencian una preocupación moral casi utópica: esgrimen tal moralidad y ascetismo como salvaguardia a la crudeza del ataque antifeminista, que se ven entrampadas en sus predicamentos. Al final ofrecen –no en todo, pero casi en todo– una utopía extremadamente rígida, ordenada; los roles redefinidos con una pureza que excluye el azar, el juego, la creatividad; una conducta sexual parsimoniosa; se comienza a exigir inocencia al hombre *tal* como le es exigida a la mujer. Erradicador de vicios, el feminismo se ve como libertador de lacras sociales. La mujer en el poder hará andar bien la casa: cada cosa en su lugar, un lugar para cada cosa.

Así el feminismo, umbral de la libertad, será transformado en utopía cerrada, inmóvil e inmutable. Siendo el hombre definido como fuente o parte de vicios, todo lo bueno contenido en la mujer habrá de reordenarlo, reencauzarlo.

Esta orientación incidió en los más graves problemas del período subsiguiente, desconectando a la mujer con el mundo real, con la política, al declararse fanáticamente anti-partido. Rechazó para ella el hacer política como algo degradante y quiso "purificar", "regenerar".

En el fondo, lo que dejaron de ver nuestras primeras feministas es que una relación de dominio pervierte a ambos términos de la relación. A partir de esa condición degradada no es posible formar modelo utópico, sino correr el albur de solucionarla en la propia actividad de su transformación. El jacobinismo de los inicios va a desarrollarse y agotarse en el período siguiente. En contraposición al feminismo de izquierdas, que recupera la posibilidad de movilización de las mujeres más allá de las diferencias económico-sociales, incurrirá en lo inverso: se olvidará de sí mismo.

Para finalizar, una muestra de lo que opinaba la prensa de estas nuevas mujeres que reivindicaban (las ponía a todas en el mismo saco) sus derechos de ciudadanas:

"Campaña descabellada y arbitraria"; "fanatismo, audacia verdaderamente inconsciente, ratas, descaradas"; "vandalismo".[73] "Conducta antipatriótica"; "actos de violencia criminal".[74]

> Mal que pese a las respetables damas que estimulan en el movimiento feminista..., la opinión... se ha declarado en contra la tendencia de que la mujer abandone el hogar para combatir al hombre en el foro, en la medicina, en el arte y en general en todas las profesiones reservadas a los hijos de Adán.[75]

> Las hazañas de esas descarriadas mujeres son verdaderos crímenes..., acciones reprobables... que postergarán quién sabe hasta cuándo la realización de ambiciones femeninas más justas.[76]

Y todas, casi todas, ahogaron su insolencia y fueron damas: "La exquisita cultura con que siempre se han desarrollado todas las manifestaciones feministas en este país, acusan un alto grado de perfeccionamiento de la mujer".[77]

---

73 *El Mercurio*, 1913.

74 Ibid.

75 Revista *Familia*, 1913.

76 Ibid.

77 *Acción Femenina*, Nº 7, 1922. Opiniones de don Eliodoro Yáñez.

Capítulo IV
Triunfo, crisis y caída[78]

1. Movilización social y nuevos actores

Hemos ubicado este período entre dos fechas (1931-1949) por dos razones. En primer lugar, 1931 es el año en que se obtiene para las mujeres el reconocimiento del derecho a voto en elecciones municipales. Y 1949, 18 años más tarde, porque después de un largo proceso de luchas individuales, de grupo, de la acción integrada a nivel nacional de todas las organizaciones femeninas y feministas de las diversas corrientes ideológicas del país, se logra el derecho a sufragio, es decir, la plena ciudadanía de la mujer.

En el plano internacional, es el tiempo de la gran crisis que afectó notablemente a nuestro país. Para la historia política interna, 1931 representa el año de la caída de la dictadura militar de Ibáñez, régimen mezcla de autoritarismo y populismo, anti-izquierdista y anti-oligárquico, que abrió paso a un largo período de desarrollo democrático, en parte cerrado con la dictación, a finales del período, de la Ley de Defensa de la Democracia que excluye y persigue a los partidos de izquierda marxista, especialmente al Partido Comunista, cuyos miembros se clandestinizan y continúan su acción insertos en diversas instituciones políticas de todos los tintes: socialistas, republicanos, fascistas, todos marchando uniformados. De nuevo, es un clima de guerra mundial, de ascenso y derrumbe, siempre por golpes de Estado, de gobiernos de las más variadas orientaciones. Todos estos hechos, como decíamos, plantean convulsiones tan enormes a la sensibilidad de las mujeres, que de buen o mal grado las impulsa a abandonar sus cuatro paredes, y las afectarán profundamente no solo en la forma

[78] Nota de la 1ª Edición: Del texto Kirkwood, J. (1982).

y el sentido en que seguirán desarrollando su lucha feminista, sino también en su imagen de la política.

En un primer momento, tras la caída de Ibáñez, surge una revalorización de la democracia que impregna profundamente las ideologías de centro, izquierda y aun la de las derechas –a lo menos formalmente–. Esta efervescencia democrática se cristalizó en la Unión Civilista, reuniendo a todos los sectores y gremios: estudiantes, obreros, profesionales, a la pequeña empresa y, naturalmente, a la derecha, que implementaba –y dirigía– la opinión pública desde su vocero *El Mercurio*. Las atribuciones de responsabilidad a "la movilización comunista" que Ibáñez hace de los hechos que motivan su caída, no son efectivas, puesto que los dirigentes de partidos obreros estuvieron ausentes en la dirección de la sublevación y paralización del país.

Sin embargo, esta idea de civilidad afectará de diversas maneras a las mujeres. Lejos de agudizar en el primer momento la exigencia de su civilidad, y optando siempre (obviamente, de acuerdo a su socialización), más por la abnegación que por la furia y la indignación, siempre movidas por el sacrificio y a ceder prioridades, todo lo "social" para ellas pasaría a ser anterior a lo político. En esa época, llama "conciencia social" a lo relativo al hambre, a la miseria, la enfermedad. Frente a ello no habrá dudas en cuanto a prioridades; en cierto modo era lo uno y lo otro, y la opción quedó hecha.

Las mujeres, menos habituadas al pensamiento político y menos comprometidas con una visión social popular y progresista, aparecen como las únicas cultoras de la especificidad de asistir al dolor. Y así, cuando deben reflexionar sobre el ámbito político, oponen a la guerra el socorro rojo, el pacifismo a la crisis, y se preocupan por restañar heridas, por la denuncia moral.

Percibiendo en los modelos de las relaciones sociales falta de moralidad, piensan en colocársela ellas mismas, incorporándose al mundo del hombre tal y como está diseñado (no proponen el cambio social total), "para limarle aristas".

Unas y otras, las que deseen cambiarlo (las menos) y las que no, aceptarán ese mundo diseñado y dirigido por hombres, a cuya agresividad atribuyen el egoísmo, la mala administración social y la guerra.

Cuando la caída de Ibáñez, se hace presente un nuevo actor social en la vida política chilena, la que hasta entonces había permanecido en manos de los líderes políticos y militares: la opinión pública de clase media. Estudiantes, maestros, profesionales, burócratas descontentos, todos *salen a la calle* y ocupan el espacio público, antes ajeno.

La calle se inaugura como acción política recurrente, se le imprimen nuevos recorridos, se la recupera para la civilidad. Se ha generado una especie de pacto de acción común entre estudiantes, profesionales y masas (pueblo) urbanas.

¿Las mujeres?, todavía no. *El Mercurio* sigue imperturbable enseñándonos recetas, modos de hacer moñitos, bordado turco, bordado inglés; enseñando el desdén por las ideas modernas. Meses más tarde dirá –genuflexión viril, florilegio, reverencia–:

> No quedaban elogios para las mujeres de Chile: ayer, miles de mujeres oraban, como lo saben hacer las mujeres, por el triunfo de la candidatura de don Juan Esteban Montero... Los hombres que salieron temprano no vieron cómo oraban miles de almas en miles de hogares.[79]

No todas, pero casi todas. Falta por nacer el MEMCH (Movimiento Pro Emancipación de la Mujer), por aparecer otras conciencias. Ya vendrán más tarde a la fiesta, a los desfiles en la calle, al sufragismo, a las asambleas de mujeres una vez por semana, a la capacitación cívica, a estar ahí afuera. También pretendiendo la otra libertad. Más tarde. Por ahora se repetirá en las letras escritas, sin bordar: "No necesita la mujer votar. Tiene otras maneras de influir para bien de su familia y su país".

No está muy claro que se haya producido un cambio sustantivo en la presencia de las demandas feministas ni que las corrientes políticas ahora re-expresadas –los diarios abiertos, los panfletos– hagan mención a sus derechos, a la reivindicación de los derechos de los oprimidos.

---

[79] Ortiz, Eduardo (1981).

A la caída de Ibáñez, sigue el civilismo de Montero, en un clima de conspiraciones. Luego le siguen los socialistas de Grove; otro golpe militar destierra a la Junta anterior; sube Dávila, cae Dávila y sube Blanche, para caer en seguida abriendo el paso a un nuevo movimiento cívico-militar, y se elige finalmente a Alessandri. Todo ello en menos de un año.

Pero ya se han inaugurado las calles, la opinión pública y el ascenso de la clase media a la política; allí está el populismo desbordante de Alessandri y el alza de las expectativas populares. Pero también la política –que se ha militarizado (milicias)– comienza a expresarse por la violencia.

Los partidos de izquierda definen su línea de "clase contra clase" hasta 1935, por lo que prevalece un clima de enfrentamiento entre los órganos políticos, situación que utiliza la derecha para insistir en el ánimo colectivo, sobre los "peligros de la violencia de los espíritus contagiados con la prédica y los manifiestos... de las comisiones de obreros... llenos de odio".[80] Pero *todos* los grupos políticos participan de esta violencia generalizada, que naturalmente incidirá en el aumento de la desconfianza y el rechazo de las mujeres por la política.

El planteo y la oposición de la derecha al gobierno populista no será en virtud de discrepancias en lo económico o social: "Su pesadilla es el Orden, el fantasma que no nos deja dormir".[81] Esta inquietud, que trasladan hacia las mujeres, va a reforzar sus ya inculcadas predisposiciones y las transformará en sus defensoras por esencia.

A partir de 1936, desde los Partidos Comunistas se propicia la constitución de Frentes Populares. Ello significó que desde 1938, y por casi diez años, se abriera un período de participación obrera en la política, a través de su alianza con los sectores medios. La conciencia de participación política que adquiere el movimiento popular parece ser más importante que el carácter apendicular o de asimilación al sistema.[82]

---

80 *El Diario Ilustrado*, 5 octubre 1931.

81 Lafertte, Elías (1971, p. 250).

82 Faletto, Enzo y Eduardo Ruiz (1970).

Se inicia una política de industrialización que es impulsada a partir del Estado, la que incide en el crecimiento y aumento del peso social y político de la burocracia estatal, y se traduce en un período de bienestar relativo que, sin embargo, favorece muy notablemente a los sectores medios y fortalece a la burguesía nacional.[83]

Aparece en este período, en consecuencia, la clase media como clase política, cuya acción se prolongará (mesocracia) prácticamente hasta los años 70, siempre al amparo de la actividad estatal y representada, en un período, por el Partido Radical.

Justamente en 1936 es creado por un conjunto de mujeres intelectuales, profesionales, empleadas, obreras y dueñas de casa (participando aparentemente de la ideología del Frente Popular, de cara más progresista), el Movimiento Pro Emancipación de la Mujer Chilena.

El otro grupo feminista de presencia real en la vida pública, expresado por *Acción Femenina* –nos referimos al ya mencionado Partido Cívico Femenino–, ha reabierto puertas y revistas y también se ha identificado, con matices, con los inicios del Frente Popular.

Entretanto, la situación internacional ha influido decisivamente en la configuración del proceso político interno. Con entrada de la URSS en la Segunda Guerra, los partidos comunistas modificarán su táctica de Frente Popular, y pasarán a constituirse "Uniones Nacionales" que aglomerarán a los más vastos sectores en contra del fascismo. El enemigo social y político principal pasó a ser ya no más la oligarquía, sino el "enemigo externo", el fascismo. A consecuencia de ello, se amplía la base de los Frentes Populares y se constituye la denominada "Alianza Democrática", a través de la cual casi todos los partidos políticos y la mayor parte de los sectores sociales tendrán representación en el gobierno.

Aunque los sectores obreros aparecen como los beneficiarios de un proceso de democracia social, *no* son, sin embargo, los protagonistas de una nueva sociedad. Sus políticos, abandonando la proposición del socialismo, pasan a adoptar una estrategia de

83 Ibid.

presión redistributiva. Dejan así de presentarse como alternativa política, para ser grupos beneficiarios.

Este abandono de metas utópico-sociales influirá notablemente en el apaciguamiento de *todas* las dimensiones radicales que plantean cambios de estructuras y, entre ellas, como ya podemos presentir, la demanda feminista.

Si bien durante todo el tiempo que duró la política del Frente Popular los sectores obreros contribuyeron a la paz social, es verdad que también lo hicieron renunciando expresamente a asumir otras reivindicaciones (o impidiendo su expresividad). El desarrollo obrero urbano se realizó a expensas de los sectores campesinos que, más débiles, no entraron en la alianza popular con las clases media y alta. Ello, por una razón simple: estaban pagando con su restricción salarial el precio del desarrollo.

Para los partidos obreros el precio fue el corte entre programa máximo y mínimo. Si bien el socialismo no es abandonado como meta utópica, aparece trasladado indefinidamente. Y en torno a esta posición se cierran filas: el cuestionamiento femenino de izquierda tampoco recibió alicientes para plantearse más allá en su *pathos* transformador. Ya no está más inserto en el objetivo del socialismo abierto anterior, ni volverá a estarlo en largo tiempo. Agréguese a ello la idea de algunos analistas[84] de la increíble supervivencia del ideario y componentes básicos de la ideología del Frente Popular.

A todo lo anterior es preciso añadir la incidencia de la Guerra Fría en el período de posguerra. Si el enfrentamiento al fascismo había constituido la posibilidad de formación del Frente Popular y la Alianza Democrática más amplia, ahora la Guerra Fría y su anticomunismo esencial y definitorio provocarán una readecuación de las fuerzas sociales, que permitirá la justificación de la represión del movimiento popular. El centro, la derecha, los sectores medios y la burguesía se alinean en contra del comunismo. Esta política, obviamente, se tradujo en contención salarial, restricción política (Ley de Defensa de la Democracia), clandestinización de la política de izquierda y nuevo repliegue de sus posibilidades.

---

[84] Ibid.

Ya estamos en el año 1949. Un año después de dictarse la Ley de Defensa de la Democracia (1948) se concede el voto a las mujeres. Si bien esto obedece a una larga lucha, como veremos, por parte de las mujeres, el momento en que es resuelto el conflicto corresponde a un momento de real movilización popular. Espíritus mal pensados creen ver allí un momento de premonición feliz de la derecha, hacia la cual se orientará mayoritariamente el voto femenino. La verdad es que también las mujeres eran empujadas por todos los argumentos posibles a enquistarse en los huecos protectores del orden. Y no podía ser de otra manera.

2. En pos del voto político

No solo en Santiago se lucha por los derechos políticos de las mujeres. La Unión Femenina de Chile, iniciadora y organizadora del movimiento que obtuvo para la mujer el voto municipal en 1931, fue fundada en el puerto de Valparaíso en 1928.

El voto municipal que, como hemos visto, para muchas feministas era una forma de ensayar pasos políticos más trascendentales, estimaba como edad mínima para ejercerlo los 25 años cumplidos. Luego, en 1934, el Gobierno de Alessandri rebajará la edad de participación a los 21 años.

A partir de este éxito político, se comienzan a generar nuevas organizaciones feministas y a ensanchar el campo de peticiones. Surge así el Comité Pro Derechos Civiles de la Mujer, fundado por Felisa Vergara en 1933, entidad que elabora un proyecto de Ley sobre materias jurídicas específicas. Se cuenta además con el auspicio de un dirigente del Partido Radical, quien provoca una situación favorable a la lectura del proyecto, por su redactora, en el Parlamento.

Hay que apuntar, sin embargo, que aunque el voto político o los derechos políticos de las mujeres figuran como complemento con mayor o menor énfasis en los programas oficiales de todos los partidos, en verdad éstos no demuestran mayor interés en plantearlo y defenderlo en las Cámaras. La excepción, las veces que se plantea, obedece más a la acción personal e interés individual de algunos políticos y representantes que a una exigencia doctrinaria real. Esto suele ser interpretado como un cálculo de la probabilidad aún no resuelta de contar o no con el voto de las mujeres por parte de cada tienda política. En todo caso, no es evidente que alguno, salvo el Partido Obrero Socialista de Recabarren, le haya presentado a la reivindicación política de las mujeres, que no a la emancipación, un interés real permanente. Más tarde, en las vísperas del triunfo, veremos cómo todos van a reclamar paternidades prioritarias.

En 1935, aparece en escena el Movimiento Pro Emancipación de la Mujer (MEMCH), por iniciativa de mujeres de izquierda. Como todas las organizaciones femeninas de la época, se dirigirá a "mujeres de todas las tendencias ideológicas que estén dispuestas a luchar por la liberación social, económica y jurídica de la mujer".

Refiriéndose al Movimiento, dice Marta Vergara en sus Memorias:

> Su carácter extraordinario se debió, desde luego, a su programa aplicable a las mujeres de todas las clases sociales, atrayente para burguesas y proletarias, cubriendo desde el voto hasta la difusión de los métodos anticoncepcionales entre las desvalidadas. En relación con esto último, demostramos gran audacia. Casi temeridad.[85]

Y era cierto, pues hasta ahora la reivindicación no había incursionado (fuera de los Centros Belén de Zárraga) en los terrenos vedados de la moral y la sexualidad. El feminismo del MEMCH se hace más reivindicativo que el de otras organizaciones respecto de la condición femenina, aun cuando todavía justifique esas incursiones solo "para las desvalidas".

Las mujeres del MEMCH, sin embargo, logran un equilibrio entre sentirse feministas, sin olvidar las causas estructurales que originan las desigualdades, y luchar por los cambios sociales, sin olvidar que eran feministas.

El propósito clave era sacar a la mujer de la casa para conectarla al mundo y sus problemas, entre los cuales era considerado importante lo concerniente a su propia condición.

Junto a la reivindicación de la capacidad política y civil de las mujeres, el MEMCH preconizaba la defensa de la madre y el

---

[85] Nota de la 2ª Edición: Se trata del texto de Marta Vergara titulado "Memorias de una irreverente", cuya primera edición fue publicada en 1962 por la Editorial Zig-Zag, Santiago de Chile.

niño; el mejoramiento del standard de vida de la mujer que trabaja; el desarrrollo cultural de la mujer y la educación del niño. Pero, a diferencia de los demás partidos u organizaciones feministas, incluye extensamente la defensa del régimen democrático y de la paz.

El MEMCH editó el periódico *La Mujer Nueva*, y a través de sus páginas se realizaron campañas en contra de la discriminación de la mujer en los empleos, en la educación y en la participación; denunciaron las formas brutales de explotación del trabajo asalariado femenino, la desprotección de la maternidad y la infancia, y lucharon contra el fascismo. Tremendamente conectadas a la contingencia político-social y a la crisis, plantean la denuncia de la guerra y postulan el pacifismo.

Celebran dos Congresos Nacionales, en 1937 y en 1940, con la asistencia de delegadas de todo el país. Debido a la organización de carácter nacional del Movimiento, con secciones o comités en los distintos barrios, tienen una abundante representación.

Al advenimiento del Frente Popular, cuyo triunfo y campaña apoyan, declaran mantener su apoyo al gobierno a fin de que éste realice el programa del Frente Popular que, *para las mujeres*, significará la participación como ciudadanas en la vida política nacional (1938).

Durante 1941, el Presidente solicita la redacción de un proyecto de ley sobre el voto femenino. El MEMCH envía su propio proyecto (redactado por Elena Caffarena), sugiriendo el texto aproximado, el que es incluido en la convocatoria. El hecho se celebra con una concentración en el Teatro Municipal, al que acuden todas las organizaciones femeninas. Sin embargo, el Presidente enferma y muere, y pasarán cuatro años antes que el proyecto vuelva al Congreso.[86]

Se inicia una serie de asambleas, actas y edición de propaganda a través de *La Mujer Nueva*, argumentando a favor del voto y detractando a sus opositores.

Más tarde, en 1942, se creará el Segundo Comité Pro Derechos de la Mujer, a iniciativa de María Correa de Irarrázaval, liberal, presidenta de la sección femenina de su partido. Es, evidentemente,

[86] Covarrubias, Paz (1978).

una iniciativa del Partido Liberal, pero su llamado amplio recibe respuestas de distintos sectores de mujeres del país, e integrará posteriormente la Acción Cívica Femenina y la FECHIF.

El Comité, en su trabajo, recurre a la propaganda directa. Hablan con parlamentarios –labor facilitada por su extracción de clase–, logran apoyo de diarios y periódicos; realizan conferencias en poblaciones, teatros, iglesias, creando conciencia entre las mujeres de su situación desmedrada frente al hombre en el plano político. Incluso llevan a cabo acciones más propiamente sufragistas, como pintar carteles frente al Congreso. Varias de ellas son, incluso, detenidas. Pero ya todo el movimiento ha recurrido a acciones más directas.

Siendo la meta prioritaria la obtención del voto político, extienden su acción a todo el país, pero también incorporan otras demandas relacionadas con la cultura y la igualdad en el empleo, y la mejora del nivel de vida de la familia popular. No incursiona, en cambio, en la vida política más contingente en lo nacional o internacional. Pero el movimiento, además de la resistencia externa que se le opone, tiene también problemas internos: la proliferación de organizaciones y su descoordinación.

> Las instituciones aisladas... no lograron crear un clima de opinión alrededor de los problemas de la mujer y... se debilitan ante el desconocimiento público... Era difícil... pesar en la opinión pública... sin un organismo central coordinador de las campañas que se emprendían. Otras veces las instituciones mismas sustentaban, frente a determinado asunto, puntos de vista opuestos y sus campañas se debilitan entre sí.[87]

Entre 1944 y 1949 se iniciará el período de acción coordinada a partir de la unificación de todas las instituciones femeninas y de mujeres, bajo la Federación Chilena de Instituciones Femeninas (FECHIF), entre cuyos principales objetivos está el orientar el movimiento femenino hacia la efectiva participación de la mujer en la defensa y perfeccionamiento de la democracia, y el advenimiento de una paz duradera, y procurar la eliminación de las discriminaciones jurídicas, políticas, sociales y económicas aún existentes en la colectividad.

---

87 Ana Figueroa: Informe ante Comisión Interamericana de Mujeres, 1950.

En cuanto a sus objetivos más inmediatos, estaba el de despertar en la mujer sentido de responsabilidad colectiva; estimular el acercamiento, el respeto y la compresión entre instituciones femeninas y coordinar su acción; planificar y conducir las campañas que respondan a los urgentes problemas que afecten a la familia y respetar los anhelos expresados en los Congresos Nacionales de las Mujeres, divulgando sus postulados y llevándolos a cabo. Finalmente, las organizaciones miembros de la FECHIF acordaron que antes de tomarse acuerdos a los que pueda atribuirse carácter político partidista, se considerará la unidad de la institución. Adhieren a FECHIF todas las instituciones femeninas, ya fueran de carácter religioso, ocupacional, político o económico.

Poco a poco el movimiento feminista (en la lucha por el voto, o sea, en lucha por la incorporación política) va adquiriendo formas más agresivas, en contraste con el tono humilde del período anterior. Ahora las mujeres exigen el cumplimiento de sus derechos. Estamos en 1944, y a través de la edición de su propio periódico, *Orientación*, el movimiento difunde sus objetivos; se emite, también, un programa radial que denominan "Gaceta Femenina".

Paralelamente, otras organizaciones adhieren a FECHIF y se unen al trabajo de desarrollo de la conciencia política de la mujer; entre otros, se destacan el Partido Femenino Chileno, fundado en 1946, y la Asociación de Dueñas de Casa, creada en 1947.

De estas organizaciones, la más importante en cuanto a la participación política de la mujer, es el Partido Femenino, en tanto representa una nueva forma de conciencia política feminista que va a participar de lleno en la vida política.

La Asociación de Dueñas de Casa surge por iniciativa del Gobierno radical, con un doble objetivo: por una parte, preparar a las mujeres de escasos recursos en un mejor desempeño de sus labores en cuanto dueñas de casa. Es, en el fondo y desde una perspectiva feminista, una acción conservadora y sacralizadora del rol tradicional femenino; el segundo objetivo consiste en interesarlas en la participación laboral y política del país.

Constituida en su base por los Centros de Madres que funcionaban en cada barrio o colectivo, la Asociación pasará en las sucesivas administraciones políticas a ser el lugar de preservación de los valores más tradicionales de la familia, de maternidad y de reafirmación de los roles genéricos de las dueñas de casa, cumpliendo los gobiernos con respecto a ellas, con mayor o menor intensidad, una labor de promoción política y asistencialismo. Especial actuación tendrá, en ese sentido, el gobierno democratacristiano (1964-1970). Durante el gobierno de la Unidad Popular, estos Centros de Madres serán el núcleo desde donde saldrá el Poder Femenino –artífice de la Marcha de las Cacerolas–, y que posteriormente otorgará un apoyo irrestricto a la dictadura de Pinochet.

Aunque las mujeres progresistas intentaron romper esta relación estrecha entre los Centros de Madres y la reacción política, los resultados no fueron nada claros.

En los orígenes de la Asociación de Dueñas de Casa estaba la intención del gobierno de enseñar a las mujeres a ser consumidoras conscientes y actuar en concordancia con un Comisariato Nacional que fiscalizaría los precios. Más que para esos objetivos, la Asociación sirvió como modelo de formación política para el radicalismo, partido que tradicionalmente había contado con un significativo segmento femenino. Su aporte principal a la lucha por el voto estuvo en el apoyo prestado a la FECHIF y por la movilización y presencia pública de sus integrantes.

La campaña final por el voto contó con la colaboración de diarios, periódicos, revistas, emisoras de radio, todo lo cual incidió en la creación de una opinión pública favorable. Al final, como se comentó en la época, "nadie quería quedarse afuera".

El proyecto fue presentado en 1947 por nueve senadores de distintos partidos; fue discutido y aprobado por el Senado, luego por las Comisiones de la Cámara de Diputados. Pasando de una Comisión a otra, el proyecto era sometido a consideración, aprobado y enviado a la siguiente Comisión. El año 1948, cuando solo faltaba que fuese incluido en la tabla de sesiones de la Corporación, la FECHIF, que agitaba el proyecto en cada una de estas instancias, solicitó al Presidente tratamiento de urgencia, pero volvió a quedar "dormido" durante tres sesiones.

Finalmente, el 8 de Enero de 1949, en gran acto público, el presidente, los ministros y los parlamentarios pusieron su firma a la Ley de Sufragio Femenino.

Pero FECHIF no da por terminada su labor: plantea la necesidad de "establecer nuevos cánones de conducta política, más elevados, más limpios y más auténticamente en consonancia con los intereses nacionales".

Hacia el año 1949, en la FECHIF se van diluyendo cada vez más las bases del primer feminismo reivindicativo, perfilándose lo que hemos mencionado como feminismo moralizante, cuyo sentido analizaremos por separado al destacar los contenidos del feminismo en este período de ascenso. Especialmente revisaremos las evoluciones del feminismo culto, el feminismo progresista y la derivación moralizante.

En ocasiones con muchas dudas y reticencia, con entusiasmo moderado en otras, lo cierto es que finalmente el voto femenino es auspiciado por un senador de cada partido: comunista, conservador, liberal, radical y socialista, previa consulta a sus respectivas asambleas.

> Tal ha sido la aceptación que el proyecto ha tenido, que las mujeres encargadas de su presentación se vieron frente a un conflicto diplomático para no desairar a los muchos que querían suscribirlo dejando sus nombres unidos al acontecimiento democrático más importante de los últimos tiempos.[88]

Los motivos que se atribuyen a esta fervorosa acogida final del proyecto,[89] son principalmente evitar para sí y para sus partidos el juicio de ser considerados antidemocráticos, que no otra cosa era privar de su aporte a la mitad de la población del país. Todos piensan y saben, además, que una actitud de oposición sería usada como arma política si el proyecto finalmente se aprobaba y las mujeres pudieran participar en las elecciones.

Pero más inquietante aún para todos es la duda que se abre: ¿por quién o quiénes votarán las mujeres? Cada uno ve con temor que las mujeres engruesen las filas del enemigo o del aliado.

---

88 Caffarena, Elena (1945).

89 Ibid.

Pero, como nos cuenta Elena Caffarena, lo más inquietante y lo que más reticentes los vuelve, es que las mujeres significan trabajo político: "Reclutar mujeres, atraer mujeres; hay todo un campo inexplorado que exige esfuerzo, dedicación y tenacidad". Pero también significa abrir una situación de poder, socializar un privilegio, y la obligación de considerar otras demandas y ampliar la perspectiva de la política. El futuro se abre inquietante.

En situación de no poder negarlo ya, los partidos se ven obligados a aceptar. De ahí los recelos, la falta de entusiasmo. El discurso del recelo es más claro cuando la concreción del voto es más lejana, más utópica: "¿Aprovechará su igualdad de derechos con la lenta evolución a que está sometida una mujer tradicionalista como la nuestra, subordinada a la idea católica?".[90]

Pedro Aguirre Cerda reconoce el gran dilema, desde el progresismo, cuando afirma que el sufragio femenino está contenido en el programa de gobierno del radicalismo (más adelante Pedro Aguirre Cerda será el primer presidente del Frente Popular), pero que llevarlo a la realidad es ya una cuestión de oportunidad.

Sostiene, además, que apoyar entonces (1935) el voto femenino significaría poner en peligro la realización de todo el programa del Frente Popular, dada la comprobada y franca inclinación de la mujer hacia la derecha, actitud que se había visto por los resultados de su estreno político en las elecciones municipales, en 1935.

Sin embargo, Aguirre Cerda afirma que esta situación debe tomarse como "advertencia" de la necesidad de desarrollar la máxima actividad a favor de la liberación de la mujer. Este reconocimiento, no obstante, no fue implementado por el Partido Radical, aunque la problemática femenina sí fue promovida por las organizaciones en que participaban mujeres radicales, especialmente en el Partido Cívico Femenino, reactivado en 1934, en su segunda época.

Para Pedro Aguirre Cerda y el Partido Radical, la organización autónoma de las mujeres, basada en la creencia de que todas tienen derechos específicos, comunes, es un "error". Terminantemente sostiene que solo tienen un interés común: el voto. Los demás

[90] Pedro Aguirre Cerda, en *Acción Femenina*, N° 5, 1935.

"están subordinados a la ideología política, social o económica".[91] Lamentablemente, ésta va a ser la opinión generalizada de grandes sectores de mujeres tanto radicales como izquierdistas, que en su actuar político futuro preferirán la adscripción a los partidos constituidos, en cuyo interior jamás pasarán de ser el 10% de la totalidad de los miembros, en el mejor de los casos.

En el período de presentación y aprobación del voto político, parece sorprendente escuchar de pronto un clamor generalizado en el Parlamento por la "injusta desigualdad política" a que están sujetas las mujeres.

El diputado socialista, en primer lugar, desliga de responsabilidad a la minoría de oposición en la postergación del proyecto y se explaya sobre las ventajas del voto femenino en términos civilizatorios, descartando el juicio de competitividad con el hombre que anteriormente se le atribuía. El avance de la cultura gracias a las organizaciones del pueblo –dice–"ha hecho desaparecer prejuicios". Reconoce, finalmente, el aporte positivo del actuar femenino (en el Parlamento futuro) en todo aquello referido a los problemas que "afecten a las mujeres, especialmente de clases trabajadoras que sobrellevan el peso de la organización social injusta". En la duda, afirmará la contradicción principal de la dialéctica social.

El diputado comunista expresó que "no otorgar el voto ha constituido un estigma social… frente a la lucha, por siglos, de las mujeres…, pero no son las mujeres ejemplares las que han contribuido a sacar a la mujer de la proscripción del hogar…, *sino el desarrollo de las luchas sociales a cuya cabeza ha estado la clase obrera…* Ha sido la clase obrera, la nueva fuerza del progreso de la humanidad, la que ha abierto a las mujeres la posibilidad de una vida más justa… El movimiento femenino… se enraíza en las luchas de clase obrera en aquellos centros donde los trabajadores eran explotados y donde las mujeres debían sufrir las ignominias como consecuencia de la miseria colectiva".

Treinta años antes, el discurso de Recabarren y los Centros Belén de Zárraga habían reivindicado en muy diferentes términos la emancipación de la mujer. Ahora sin embargo, ya

91 Ibid.

esta reivindicación no pertenece a los jardines de izquierda. Por esa fantasía, que hablábamos anteriormente, el problema se ha resuelto dentro de la contradicción principal de la oposición de clases, imperturbable análisis que será trasladado a futuro por otros treinta años.

Más parco, el rector de la Universidad, señor Molina, declara que "seguramente la intervención de la mujer en asuntos políticos *pueda reportar ciertos beneficios*... sin más restricciones que las que le impongan sus obligaciones familiares". Se declara convencido feminista y elogia el trabajo académico de algunas mujeres.

El senador Rudecindo Ortega, radical, expresa la necesidad democrática de "depurar el régimen representativo y extender la ciudadanía para una efectiva participación en la elección de quienes han de elaborar las leyes y manejar la República". Basado en que las mujeres representan el 30% de la población activa, que son el sostén principal de la familia, en las recomendaciones internacionales al respecto, y en el hecho de haber iniciado Chile una política moderna hacia las mujeres en materia de educación y de derechos civiles, propone la inmediata necesidad de concederles el derecho a voto.

El senador Amunátegui, liberal, declaró: "Tengo fe en el elevado espíritu público de la mujer chilena... en su abnegación, capacidad y desinterés..."

No son todas las opiniones de todos los políticos ni de todos los partidos; sin embargo, no aparece tan aventurado suponer que, énfasis más, énfasis menos, las restantes opiniones hayan seguido por estas mismas corrientes.

La cuestión, como sabemos, es que después de la larga lucha de algunos grupos organizados de mujeres se obtuvo un derecho; que este derecho, al ser ejercido, mostró una profunda tendencia conservadora no partidaria, puesto que derivó en más de una ocasión hacia candidatos independientes que tenían en común, eso sí, la cualidad de representar el autoritarismo conservador, tradicional, jerárquico, disciplinado y moralizante de la imagen incuestionada del patriarca.

3. Mujeres en movimiento

Analizaremos a continuación dos organizaciones diferentes entre sí, no divergentes en cuanto a una idea inicial del feminismo, pero sí en cuanto a sus énfasis y derivaciones. Veremos primero a cada una en su contexto y revisaremos en seguida dónde y cuándo esos caminos feministas se bifurcan y por qué.

Luego describiremos el primer partido femenino que se dispone a actuar políticamente, cómo la línea ideológica que siguió fue influida o determinada por los movimientos que lo precedieron, y cómo su presente y los significados adquieren un peso definitivo y negativo para el futuro del feminismo político en Chile.

El Partido Cívico Femenino, segunda época

Después de cuatro años de receso, el PCF reanuda su lucha por los derechos civiles y políticos, "no solo de la mujer chilena, sino de las mujeres del mundo, las que, premunidas de un deber de salvación del caos, marcarán los rumbos que orienten la vida por rutas más nobles".[92]

El PCF fue creado en 1922 y su forma de lucha por los derechos de la mujer pasará por una educación de las conciencias femeninas, difundiendo entre las mujeres mayor cultura cívica, con prescindencia de toda agrupación política, aunque declarándose democráticas.

Sus objetivos son, sintéticamente, desarrollar la solidaridad entre las mujeres y las asociaciones que se ocupen de su adelanto intelectual, moral, económico, cívico y político; lograr apreciación y valoración justa e igualitaria del trabajo de la mujer: "igual remuneración a igual rendimiento"; la *abolición* del lenocinio, estableciendo el principio de la "unidad moral", es decir, una sola norma moral sexual y una sola responsabilidad para ambos sexos; edificación para obreros; abolición del cohecho; profilaxia familiar y matrimonial; legislación que castigue actos delictuosos en contra de la mujer, como la violación, y los que precipiten su caída, como la seducción; investigación de la paternidad del

---

[92] *Acción Femenina*, 1934.

hijo ilegítimo; derecho a sufragio; educación sexual en liceos y coeducación para crear nueva conciencia en los individuos del futuro y, obviamente, protección a la maternidad y a la infancia.

En el momento que surge este Partido Cívico Femenino, las mujeres están en estado de absoluta indefensión: no son beneficiadas por las escasas leyes sociales en todo lo que se refiere a su especificidad; se ven tremendamente afectadas, además de la cesantía, por la tuberculosis, la carestía de la vida y la falta de viviendas, por el alcoholismo, la pornografía y los males venéreos.

Al sumar entonces el PCF a las reivindicaciones jurídicas y políticas las reivindicaciones que más específicamente afectan a la mujer, como la violencia sexual, la doble moral sexual y el considerarla como mercancía miserable y mal pagada, están dando un paso hacia el feminismo contemporáneo.

Sin embargo al feminismo lo ven como una defensa del respeto en el hogar idealizado en un "puro" modelo de burgués al que atribuyen la mayor importancia y prioridad. Hay aquí principios y atisbos de una revolución sombría, moralizante, que aunque busca *una sola* moral sexual, es la que en definitiva se aplica a la mujer: inocencia, virginidad, negación del sexo y del placer, etc., elementos que, como hemos dicho antes, pesarán mucho en el futuro, pues no ofrecen ninguna posibilidad real de liberación femenina. Junto a la reivindicación muy justa de la miseria y la explotación, opondrán esta sacralización del hogar, de la forma de familia base de la sociedad patriarcal y, por tanto, negación de todo feminismo.

La difusión ideológica del pensamiento del PCF se hará a través de la revista *Acción Femenina*, y por su intermedio conoceremos los grandes temas a que se abocaron:

• Internacionalismo feminista: intercambio de contenidos, programas de acción y difusión con otros organismos feministas en el mundo. Sentimiento de "hermandad".

• Declaraciones, actos y protestas contra la miseria y el hambre de las clases desposeídas. En ocasiones de una marcha, resaltan su carácter de "mesurada y medida"; "nada de política, nada de extremismos".

• Condición obrera femenina. Denuncia de que el 75% de las mujeres de la época (obreras) son aniquiladas por un trabajo brutal, por la miseria moral, la religiosidad oscurantista y la ignorancia.

• Situación laboral de obreras de fábrica; denuncia de las condiciones inhumanas de trabajo para su capacidad física. Relato de situación en una fábrica de loza: calor insoportable, trabajo sin guantes protectores, acarreo de carretillas, "como si fueran hombres", "pero se diferencian por el vestido y el salario inferior".[93]

• Denuncia la cesantía de la mujer: 35% provocada por patrones que no quieren cumplir leyes sociales con las mujeres, ni las de sanidad, fundamentalmente.

• Capacitación laboral para las mujeres: se dictan cursos.

• Protesta contra la explotación del trabajo domiciliario: ingreso insuficiente para madres con hijos pequeños, desnutridos, "que no pueden salir del hogar"; beneficios de patrones que no invierten en fábricas, y la carencia de leyes protectoras para la mujer.

• Reclama necesidad de expansión y recreación de las mujeres.

• El feminismo no es "los hombres a la casa" y la mujer "a la calle"; es una forma de "elevarlos por el buen camino".

• Necesidad de sindicalismo para mujeres trabajadoras.

• Pacifismo: descalificación de la "paz armada"; la guerra como consecuencia de la socialización de los niños y del "desarrollo del instinto sanguinario". Es un tema sólido para el feminismo y tiene larga historia,[94] es una constante en esa época, por la guerra civil en España y la Segunda Guerra Mundial, como antes lo fue por la Primera.

• La denuncia de los fascismos es otra constante en *Acción Femenina* y *La Mujer Nueva*, la Revista del MEMCH. Resaltan especialmente la conducta nazi vejatoria de la mujer: obligación de procrear; situación degradante de objeto; enérgica cruzada contra la mujer que trabaja, declarando que su "sitio es el hogar"

---

93 *Acción Femenina*, 1935.

94 Rouge, Delie, 1917. Nota de la 2ª Edición: Se trata de la escritora chilena Delie Rojas Garcés de White, cuyo pseudónimo literario es Delie Rouge. Con este último nombre es reconocida por el feminismo chileno. Julieta Kirkwood no detalla más sobre la referencia que hace a Rouge, y solo señala el año 1917.

y su misión "las tres K" (*kinder, kluch, kitchen*); la atribución de culpa al feminismo por la cesantía de los hombres, etc... Y todo eso, justo en momentos en que grandes masas "heroicas de mujeres preparan el advenimiento de un mundo nuevo".

• Siempre presente está la idea mesiánica de salvación del caos, de las tinieblas a que la conducta masculina ha llevado a la humanidad: "Una vez la mujer despierte, nunca más el Patriarcado la colocará en la situación degradante de hembra para el placer exclusivo del macho y la procreación inconsciente".[95]

En el orden organizativo, plantea la unidad de las mujeres para la defensa de la totalidad de sus reivindicaciones, con énfasis en la condición de "madres", especialmente en lo que respecta a la denuncia de la guerra.

Participan en 1937 en la constitución de la Acción de Voluntades Femeninas, que se propone en primera instancia "salvar la vida al niño chileno de la TBC y la sífilis, puesto que por estas causas mueren 33 de cada 100 por año".

La Acción de Voluntades Femeninas agrupa todas las instituciones de ese período (1937): Asociación Cristiana Femenina, Club de Profesoras, Club América, Federación Metodista, Legión América (masonería), Liga Evangélica, MEMCH, Partido Cívico Femenino, etc.

No es nada extraño que las primeras acciones sociales (políticas) de las organizaciones se refieran al niño y la familia, lo que es, evidentemente, una realidad agobiante para todo el género. Tampoco es extraño el consenso de católicas y laicas, izquierdistas y conservadoras: todas están de acuerdo en que la diferencia y separación tajante sobrevendrá cuando intenten buscar soluciones a esos hechos agobiantes.

En cuanto a lo moral, son variadas las contradicciones no resueltas a las que el PCF tratará de dar apresurada resolución, cayendo en rigideces de otro carácter que solo hacen cambiar de signo a la opresión.

En primer lugar, la contradicción entre la necesidad de salir de la condición oprobiosa en que –en mayor o menor medida–

---

[95] *Acción Femenina* Nº 18, 1936.

está sumergida la mujer y la postulación de un nuevo orden de cosas que, por negación, lleva a esa extrema rigidez que significa la postergación definitiva de una revolución sexual feminista. Y esto tiene efectos en lo político y en la relación que establecerán con los partidos.

La otra contradicción es la que se presenta entre la necesidad de un desarrollo personal, de la identidad de la mujer y su independencia, y la necesidad de afecto, cuya resolución ven en la familia. Los ajustes se seguirán planteando como si solo se tratara, en ambos casos, de un solo término al que hay que transformar, modificar; en el caso de la moral sexual, adecuar al hombre a la "pureza" de la mujer: "Queremos hombres íntegros, sanos moral y físicamente y ojalá llegaran al matrimonio tan puros como llegamos las mujeres".[96]

Para el caso del conflicto entre amor e independencia, solo se ve como necesario adecuar el término mujer; ésta deberá absorber la responsabilidad de la familia (afectiva, doméstica; sus labores) y la de su propia independencia. El hombre, el otro término –como la mujer en la moral– permanece intocado. Lo que significa que cada uno está en sus papeles y condición justa.

Este ver solo un aspecto de la contradicción tendrá repercusiones muy fuertes en la vida política, sin mencionar un cierto justificado pavor desde el sector masculino por ese gineceo utópico ordenado, sobrio, sin dudas, cerrado y clausurado en su propia bondad (violencia idealista) que se le opone a su orden actual.

En cuanto a cómo se plantea el tema de la política, hay una primera idea muy clara: las mujeres tienen conciencia de que sus problemas y el reconocimiento de sus posibilidades no son jamás considerados en los organismos de directivas masculinas.[97]

Pero esta idea fue producto de un aprendizaje, de un desarrollo y de varias experiencias de integración fracasadas.

Un primer aspecto que desarrolló el PCF es el de la incongruencia jurídica y legal que se genera con el otorgamiento del voto municipal. ¿Cómo es posible –se preguntan– tener el derecho a voto político si la mujer no goza de independencia

[96] *Acción Femenina*, 1935.

[97] Klimpel, Felicitas (1962).

en la administración de sus bienes y en el ejercicio de derechos civiles? La falta de derechos civiles cohíbe la libertad económica y social. Concederle el derecho a inmiscuirse en la política es un contrasentido. Se plantea, entonces, que si no se conceden *todos* los derechos a la mujer, no se debe aceptar ninguno: "Imaginad a una mujer alcaldesa que en su casa no tiene voz ni voto".[98]

La idea de hacer política deberá la mujer elaborarla moldeándose una "personalidad política". No hacerlo significará "imitar al hombre, transformando la filiación política en lucha de clases o religiones". Hará la guerra a la mujer obrera (de la que se vale ahora) y a la libre pensadora (en la que ahora se apoya). No identificada con la primera y enemiga sistemática de la segunda, defenderá su automóvil y su comodidad.

El llamado es oscuro, poco nítido, pero puede leerse como un intento de definir una condición femenina que trasciende a los partidos tal cual están planteados, y a las clases.

La posición de *Acción Femenina* frente a los partidos y la actuación de las mujeres en ellos, es francamente negativa.

El PCF sostiene también la necesidad de un proceso evolutivo de las mujeres, de despertar a la vida nacional, antes de una opción por los partidos que ven como prematura y pervertidora: "No intervengamos en esas campañas teñidas de pasiones..., la política de la mujer debe ser la Paz". Renuncias utópicas que invalidan la demanda por autonomía, pues esto no es más que una formulación ideal, sin ninguna relación con el "hacerse en el mundo" de la política.

Sin embargo, por otra parte, la queja frente a éstos será por la falta de interés y dedicación que se presta a los problemas femeninos, queja dirigida al Frente Popular, a quien acusan de imprevisión y despreocupación extrema, al punto de ni siquiera incluir en sus listas electorales a una mujer.

El Movimiento Pro Emancipación de la Mujer, MEMCH

Creado en Santiago el 11 de mayo de 1935, se fusionará diez años después con la Unión Chilena de Mujeres, y posteriormente

---

98 *Acción Femenina*, N° 12, 1934.

pasará a integrar, con la totalidad de los grupos, partidos y movimientos, la Federación Chilena de Instituciones Femeninas, de la que ya hemos hecho mención, con el objeto de coordinar la lucha por el voto político.

El MEMCH expresa claramente una ideología feminista progresista, profundamente arraigada en la problemática política social, aun cuando no abanderizada formalmente con ningún partido político. Esta ideología es difundida por medio de conferencias, actos, manifestaciones callejeras (protestas por la carestía de la vida), y especialmente por su órgano de prensa *La Mujer Nueva*. En este período, las mujeres comienzan a acercarse a la imprenta y asumen la edición, diagramación y distribución de sus revistas.

Por la importancia de esta expresión escrita, que constituye memoria del movimiento feminista, hemos hecho un análisis bastante exhaustivo de sus contenidos, especialmente en lo referido a la política. Nunca hemos perdido de vista, para emitir nuestra opinión, que por novedad que fuese la reivindicación feminista, ésta de una u otra manera estará ligada, como toda nuestra teoría, con las ideas preexistentes. De ahí que resaltemos algunos aspectos que, mirados con el cristal del feminismo contemporáneo, pudiesen parecer triviales y que, sin embargo, en la perspectiva de la época significaron enorme renovación, esfuerzo y contestación. A lo más, respecto de ellos, trataremos de averiguar si abren o no caminos a la emancipación virtual de las mujeres; si contribuyen o no a clarificar los contenidos de su opresión.

Los principales temas debatidos en *La Mujer Nueva* en relación a la política feminista, se refieren a problemas de organización, relaciones de trabajo de las mujeres, significación de éste; significados del feminismo; visión reaccionaria o progresista de la mujer; sindicalización, militancia, pacifismo, etc.

La organización es, para el MEMCH, responder a la necesidad de coordinación de los grupos femeninos, y proporcionar un lugar en donde la mujer pueda realizar su práctica cívica: esto es, entrar en el mundo público, político, y asumir su problemática. La práctica cívica suponía, además, la integración de mujeres de las más variadas procedencias: obreras, profesionales, dueñas de casa.

Para todas se abría el debate; todos los temas eran planteados; todos asumidos:

> En una u otra forma (ya) la mujer se va de la casa. Ahora bien, nosotras queríamos que la salida, tanto de la trabajadora como de la exenta de necesidades, sirviera para conectarlas con la sociedad y sus problemas.
>
> Queríamos que la primera mejorara sus condiciones de trabajo gracias a su propio esfuerzo y que la segunda abandonara la frivolidad y la caridad. El MEMCH aspiraba a formar mujeres profundamente serias.[99]

En su diálogo con la izquierda política (¿o más bien monólogo?) en los albores de la formación del Frente Popular (1943), plantea descaradamente la predisposición reaccionaria de la mujer de todas las extracciones sociales y la absoluta despreocupación de los partidos y grupos sindicales por ocuparse de la raíz de esta problemática con el fin de encontrarle una salida favorable.

> Una representante obrera ante el Frente Popular habló sobre reivindicaciones femeninas con el fin de interesar a los asistentes. Un señor le rebatió sus puntos de vista diciendo que era inútil ocuparse de nosotras porque la mujer solo se presta para colaborar con la reacción... Los asambleístas guardan un silencio aprobador.[100]

Desde los resultados de las elecciones municipales, donde por primera vez votaron las mujeres, el MEMCH señala el peligro que significa para la izquierda su indiferencia ante el problema femenino (peligro jamás acogido como prioridad, ni entonces ni después, salvo quizás por algunos sectores, bastante avanzado el período posgolpe de 1973):

> ... indicamos que el único camino era el trabajo inmediato en el campo femenino; el llamado a las mujeres a luchar por sus reivindicaciones, el despertar en ellas la clara conciencia de *su* inferior situación social, económica, jurídica y política, señalando

99 Vergara, Marta (1973).

100 *La Mujer Nueva*, N° 8, 1936

al mismo tiempo sus causales y causantes. Nada de eso se ha hecho. Como si existiera el convencimiento de que todo es inútil.[101]

Con respecto al espíritu reaccionario de la mujer acomodada, acusa a todos los políticos, radicales, demócratas, integrantes del Frente Popular, que para mantener su propia tranquilidad doméstica y garantías de fidelidad, propician que la (su) mujer tenga religión, puesto que ésta es "freno para los instintos". Como resultado, cierra los ojos y permite que siga vigente una ideología retardataria;

> ... no pretendemos encender lucha religiosa, pero sí estamos vivamente en contra de ese criterio de rellenarle el cráneo a las mujeres con dos o tres dogmas porque parecen útiles en sus efectos, aunque los sepan falsos en su esencia.[102]

Esta situación de despreocupación de los partidos progresistas exaspera a las mujeres del MEMCH. Ellos no realizan trabajo electoral, ni de difusión ni de formación, ni revelan políticamente la temática femenina. Después de cuatro años de participación de la mujer en elecciones, los partidos se limitan a quejarse de que "el voto femenino haya causado tal desastre" y seguirán sin hacer nada –ni permitir que se haga– para evitarlo:[103]

> El PR y el PS han efectuado grandes Congresos en los que se han tratado extensamente todos los temas, menos el del trabajo femenino... El PC[104] aún no ha efectuado su Congreso, pero respecto de su trabajo podemos opinar que nos parece, si bien superior al de otros partidos, aún excesivamente flojo.
>
> Pero sobre todo, en el Partido Radical es donde encontramos la mayor desproporción entre sus posibilidades y sus hechos... y la mayor resistencia de los hombres para interesar a las mujeres. Existe el prejuicio vivo de no mezclar a la *mujer propia* en tareas extra-hogareñas.[105]

---

101 Idem.

102 Idem.

103 Partido Radical (PR), Partido Socialista (PS): integrantes del Frente Popular.

104 Partido Comunista, integrante del Frente Popular.

105 *La Mujer Nueva*, N° 16, 1937.

Pero el voto femenino es y va a ser una realidad y la irresponsabilidad de la izquierda seguirá alimentando el caudal político de la derecha.

Al respecto, una digresión: es extraordinario constatar cuán pronto la izquierda alcanza un techo en las cifras electorales femeninas. Si bien casi desde los primeros comicios (con excepciones particulares) llega a un 20 a 25%, esta cifra se muestra extremadamente consistente y resistente al crecimiento. Esto vendrá a confirmar lo sostenido por el MEMCH: hay indiferencia y dificultad para expresar una política progresista positiva para las mujeres.

En este mismo sentido, el MEMCH prevé profundas relaciones e implicancias entre la política conservadora y el principio "la mujer para el hogar", y la habilidad de la derecha para conjugarlos dinámicamente. Sin embargo, en ese tiempo faltaba mayor precisión al planteo del problema. Aún no se percibían las raíces transpolíticas del patriarcado.

Aunque el MEMCH tiene indudablemente un trasfondo ideológico de izquierda, afirma constantemente la necesidad de no traslucir pertenencia política para no hacer dudar a las mujeres, en general, de que tras su defensa se oculta algún manejo partidista. A pesar de todo ello reconocen que "los grandes diarios han silenciado nuestras actividades".

En todo el período nos encontramos con una relación ambigua con la política de parte de quienes constituyen la izquierda y la derecha: todos la niegan, todos quieren representar algo –sectores, reivindicaciones– al margen de los partidos. De ahí también la posición enormemente contradictoria de las mujeres con la política y, por lo mismo, con los partidos. No hay una legitimidad social pública del derecho a realizar la política responsablemente.

Otro aspecto importante destacado por *La Mujer Nueva* es el del trabajo de la mujer, tocando aspectos fundamentales, como la denuncia del carácter "fascista de un proyecto de ley que tiende a solucionar la cesantía global prohibiendo el trabajo de las mujeres", tema planteado y defendido frente a los obreros reunidos en la Convención Anual de Sindicatos, y el debate en torno a dificultades de la personalidad de las mujeres.

> ...En una fábrica en que todo el personal pertenece al sexo femenino y que forma parte de un sindicato profesional, se eligió al mozo de los mandados, que no tiene intereses comunes con las obreras, para que las represente, lo que demuestra que la elección recayó en él únicamente por ser hombre.[106]

Otro tema que se esboza es el de calidad de vida de las mujeres populares; la negación de su derecho a la recreación (demanda expresada hoy en similares frases por pobladoras), que es, obviamente, la contrapartida del no reconocimiento que se hace de su trabajo doméstico (natural), no productivo (accesorio):

"–¿Qué distracciones tiene usted?
–Ninguna. Puede usted decir:
mis penas".[107]

Se reivindica, para la mujer, obrera legislación de seguridad social específica, descanso obligatorio por maternidad y lactancia, derecho a amamantar al hijo en lugares de trabajo, igual salario para igual trabajo, etc.

También se discute el problema del alcoholismo, de las viviendas insalubres, y se rebate (con cierta ironía) las posturas de una "legión femenina" de mujeres de derecha para "limpiar conventillos", damas que atribuyen la principal causa de los vicios masculinos (alcoholismo) a que "el obrero no encontraba atractivos en el hogar porque sus mujeres se presentaban sucias, desgreñadas y malolientes".[108]

En general, se recurre a este tipo de ejemplos para demostrar la complejidad del problema y la incidencia de factores estructurales y superestructurales en la condición disminuida de la mujer; sin embargo, aceptan como medida de emergencia participar en una campaña antialcohólica, moralista, iniciativa del puritanismo femenino de derecha.

Se debate en torno a la familia, a la autoridad indiscutida del padre "arbitrario, siempre retrasado con respecto a los hijos"; a una madre "llorona, atemorizada y resignada en su papel de animal

---

[106] *La Mujer Nueva*, Nº 18.

[107] *La Mujer Nueva*, 1937.

[108] *La Mujer Nueva*, julio 1937.

doméstico". Se denuncia la carestía de la vida y se organizan marchas y movilizaciones junto a otras entidades.

Respecto de la liberación de la mujer, opinan que "triste es reconocerlo, pero a los hombres no les interesa la emancipación de la mujer", y definen esta despreocupación como patrimonio de los varones de izquierda, de centro y de derecha, y afirman que "siempre hemos creído que el último reducto de la reacción es y será el de las relaciones de hombres y mujeres".

Las mujeres del MEMCH siguen desarrollando los planteamientos iniciales de los Centros Belén de Zárraga y de Recabarren, logrando una mayor elaboración del problema y su difusión nacional.

En el segundo Congreso que realizan logran reunir a unas 500 mujeres de todos los puntos del país y de todas las tendencias y sectores sociales. ¿Por qué, entonces, a partir del logro político del voto, y aún antes, se disuelve esta organización? "La siguiente etapa era política", han dicho; y, por lo mismo, preparan a las mujeres para su ingreso a los partidos.

Veremos, a continuación, los aspectos fundamentales del debate sostenido por las feministas del PCF y las feministas progresistas del MEMCH acerca de los partidos políticos.

4. Los señores políticos

Entre las mujeres este debate se plantea en torno a dos alternativas gruesas. Por una parte, el rechazo a que las mujeres ingresen en partidos "masculinos" y la alternativa de constituir los propios, opinión ésta de varios matices y de escasa elaboración, que no despega aún de un rechazo emotivo y formal. Es en ocasiones un planteo muy contradictorio; por un lado, rechaza los partidos y pretende construir los propios; pero por otro, el rechazo lo hace con justificaciones morales de tal magnitud, que su propia posibilidad partidaria quedará acorralada al interior de una pauta ética muy rígida, muy de blanco y negro, que le impedirá entrar en los juegos del poder. Aún más, le impedirá una relación con lo que la política realmente es: fuerza, negociación, manejo, oportunidad.

En otras ocasiones, se pretende que las mujeres puedan tener tantos partidos como tendencias ideológicas desarrolle.[109] A veces es más importante el miedo a que las mujeres vayan a incurrir en los mismos vicios que los hombres: imprevisión, petulancia, personalismo, falta de probidad.[110]

La segunda alternativa que se plantea considera que la política es una sola para ambos sexos, y que se hace a través de los partidos. Esta posición ve el voto de las mujeres como una manera de aunar esfuerzos para reivindicaciones sociales mayores, y como el aporte de otras "cualidades específicas", algunas de claro sentido moralista. Es necesario que las mujeres se organicen "junto a los partidos masculinos y peleen por las reivindicaciones totales de su clase en estrecho contacto con el proletariado... el ingreso de la mujer *depura* las costumbres y usos masculinos en general (componendas políticas que desprecian la miseria social)".[111]

Como contrapartida, se destaca el "absurdo de pretender que las mujeres solas, y solamente ellas, pueden emparejar el plano de la balanza social".

Otra opinión agrega contundencia a esta tesis: "...los asuntos públicos no tienen sexo y pretender juntar a todas las mujeres sin distingo de clases, de religión, de credos políticos, es pensar que no tienen ni una ni otra cosa".[112]

Una reflexión aparecida en *Acción Femenina* nos da un indicador del pensamiento político feminista imperante después del estreno de las mujeres en el voto municipal:

> Los partidos abrieron sus puertas a las mujeres para engrosar sus filas y ayudarles a defender sus propios intereses. Eso sí que: ¡alto! Las señoras tendrían sus reuniones aparte, su directorio aparte y sus acuerdos también aparte... acatando siempre los acuerdos generales y dejándose gobernar por ellos.[113]

Esa fue una experiencia real: o se pagaba el precio de diluirse en la generalidad de los problemas sociales políticos puestos por

---

[109] Elvira Rojas, Presidenta del Partido Cívico Femenino, en *Acción Femenina*, N° 1, 1934.

[110] Amanda Labarca, en *Acción Femenina*, N° 1, 1934.

[111] *Acción Femenina*, N° 1, 1934.

[112] Amanda Labarca, líder feminista, 1934.

[113] *Acción Femenina*, N° 3, 1934.

el partido, olvidándose de la condición femenina, o bien al interior de la plena condición femenina se desarrollaban reuniones de *ghetto*, sin interlocutor político y obedeciendo órdenes de partido.

Ambas modalidades son aceptadas por las mujeres cuando concuerdan en que la política es una cosa evidente y real; sin embargo, eso no implicaba en modo alguno que las necesidades de hombres y mujeres para acceder al mundo de la política fuesen iguales. Desde luego, esto puede decirse desde la mirada presente. En ese momento no estaba el contexto cultural como para plantear otra respuesta, ni aun para formular más claramente la contradicción política básica entre mujeres y partidos masculinos.

Siendo el patriarcado universal, también afecta a los partidos políticos; y un instrumento de reivindicación y articulación de demandas, como son los partidos, solo es instrumento para aquello para lo que efectivamente sirve o puede realizar. La mujer necesita resolver previamente una situación de opresión; mujer y hombre son dos términos en contradicción: al opresor compete la responsabilidad de la opresión, al oprimido compete la rebeldía. No se pueden representar mutuamente ni asumir la responsabilidad del otro, esto sería re-generar resultados espúrios.

La definición del MEMCH respecto de los partidos políticos y las demandas feministas puede sintetizarse en lo expresado por Elena Caffarena en el Segundo Congreso Nacional del MEMCH, en 1941: "Cada organismo tiene una función: para la lucha de clases están los sindicatos; para la lucha política, los partidos, y para las luchas femeninas, las organizaciones femeninas, como el MEMCH".

Consideraremos, sin embargo, que la historia visible o invisible no siempre lleva su trazo claro. Ensayos y errores van constituyendo la argamasa de esta historia a la cual, como se decía inicialmente, el feminismo, desde la virtualidad, le hará evidentes sus responsabilidades:

> La historia tiene una especie de maleficio: solicita a los hombres (y a las mujeres),[114] los tienta, ellos creen marchar en el sentido que

[114] Nos remitiremos al humanismo del autor para no inspirar terror con nuestra enmienda.

> ella marcha, y de pronto se le oculta, el acontecimiento cambia, demuestra con hechos que era posible otra cosa.[115]

Quien viene a romper este esquema de ambigüedad en la relación feminismo y política es el Partido Femenino Chileno, fundado en 1946, tres años antes de la obtención del voto político.[116] Sus principios siguen la línea del primer partido feminista, incorporando rasgos de populismo, progresismo, antioligarquismo y, en cierto modo, anticlericalismo. Así, se plantea el perfeccionamiento de la democracia vía el mejoramiento de la condición de la mujer, la igualdad cívica y política y las reivindicaciones sociales en general, enfatizando la relación madre-hijo. En el plano internacional, las dirigentes aparecen muy influidas por el justicialismo, expresado fundamentalmente por Eva Perón.[117]

Como quiera que sea, el PFCH retoma con gran espíritu la campaña para formar conciencia política en la mujer, y lo hace con éxito, utilizando radios, foros públicos y otros medios; y sale a la calle.

Los contenidos políticos e ideológicos del PFCH retoman los planteos feministas y producen una extraña síntesis con los planteamientos del candidato Carlos Ibáñez (1952), de un profundo populismo autoritario.[118] A su emblema depurador "la escoba", unen las mujeres del PFCH todo su agregado de pureza, redención moral, superación de la politiquería masculina; el PFCH se instala a la vera del patriarcado depurador.

La identificación con Ibáñez, el ex dictador, viene determinada por una mezcla de múltiples factores; los postulados compartidos de "independencia moral", no compromiso con la "politiquería" –que es para ambos la realización del juego político parlamentario partidario–, se van a traducir en un profundo antipartidismo. Esto, a pesar de que ambos han creado los propios.

En verdad, el ambiente político de la época es bastante caótico. Entre 1946 y 1953 se ha dado una grave y estéril división de las

---

115 Merleau-Ponty, Maurice (1956).

116 Nota de la 1ª Edición: Del Documento "Feminismo y participación política en Chile" (Kirkwood, J., 1982a).

117 Entrevista personal con María de la Cruz, septiembre 1982.

118 Carlos Ibáñez, general que encabeza dictadura entre 1927-1931; derrocado por el Movimiento Cívico y elegido Presidente de la República por mayoría absoluta en 1952.

clases obreras populares; los comunistas han sido dejados fuera de la ley, se han clausurado partidos y diarios; se ha relegado a cientos de políticos. Es el fin del período de Gobierno del Frente Popular (centro izquierda), donde la lucha se da a dos bandas (izquierda-derecha) y donde numerosos han quedado fuera. Los marginados de todos los sectores son arrastrados por el populismo ibañista, que incluso consigue el apoyo de vastos sectores del partido Socialista, a excepción del sector de Salvador Allende, quien se presenta como su contendor electoral apoyado por el Frente del Pueblo.

Es en este contexto político donde la presidenta del PFCH, María de la Cruz, es elegida senadora con la primera mayoría en su circunscripción. Del mismo modo, el apoyo ofrecido por las mujeres del PFCH a la candidatura de Ibáñez, y su propio triunfo electoral, les valió ser incluidas en el gobierno, en el Ministerio de Educación.

El triunfo del PFCH se debió a una votación mayoritariamente femenina (51% de los votos)[119] y esto significó "una nueva era en las posibilidades de la mujer, demostrando que organizadas pueden enfrentar *sin compromiso* una contienda electoral". Vale decir, el PFCH hace política y tiene conciencia de ello. En efecto, en muy poco tiempo el PFCH, con éxito sorprendente, había ocupado un lugar entre las fuerzas políticas y todo esto desde una perspectiva declaradamente feminista, de justicia social y de raigambre popular, lo que despierta recelos de izquierdas y derechas.

A partir del momento en que empezó a actuar en la "política", el PFCH tiene que enfrentarse con adversarios, realizar alianzas, sufrir divisiones internas, iniciar debates ideológicos con otros grupos feministas y políticos, y es detractado y defendido.

Al cabo de un año la situación se ha agudizado. Atacado por todos los partidos políticos tradicionales y organizados, desde la derecha a la izquierda, esta animadversión se traducirá en una acusación en el Parlamento a su presidenta y senadora, María de la Cruz. La acusación (presentada por tres mujeres) denuncia compromisos ideológicos con el justicialismo y comportamiento

[119] *Revista Vea*, año 7, N° 1, 1953.

no-honorable de la senadora en relación con una importación ilícita de relojes: es el momento de parar en el Honorable Senado la intromisión del Partido Femenino y a esta mujer de feminismo insolente. María de la Cruz es desaforada por la mayoría de sus miembros permanentes, desestimándose una recomendación en contra interpuesta por la Comisión Parlamentaria investigadora.[120]

Sin analizar aquí los detalles, ni la justicia o injusticia del hecho, nos interesa destacar las implicancias que tuvo para el feminismo esta concatenación de hechos.

La caída de María de la Cruz como senadora significó la deserción de la gran mayoría de las mujeres, tanto integrantes del partido como independientes, quienes, sin comprender ni asumir que éstas eran contingencias propias de toda organización política, llegaron a aceptar que "no estaban preparadas" para la política. Aceptaron y reconocieron una "inmadurez" que las llevó de vuelta a casa. La conducta política femenina será, en adelante, la pasiva responsabilidad de votar, o bien, en un plano de mayor compromiso, la militancia en los partidos "maduros" que se ofrecen a sus diversas expectativas ideológicas.

¿Pero qué visión o imagen de la política es ésta que no acepta ni perdona errores?

La verdad es que las feministas del PFCH se vieron en parte atrapadas por la misma rigidez de sus principios. Esto no tanto por el hecho de la condena pública, sino por el abandono de la lucha y del campo político que hicieron las mismas mujeres, puesto que, luego del incidente, no volvió a constituirse partido alguno de mujeres hasta el día de hoy en nuestro país. Nunca más –salvo los atisbos del feminismo actual– las mujeres quisieron asumir el derecho y la voluntad de *hacer* política autónoma. De allí en adelante pasaron a integrar y sacralizar, como única manera justa, verdadera, de hacer política, la realizada desde los departamentos femeninos de los partidos tradicionales.

La imposibilidad de realización, en la práctica, de la rígida postulación moral femenina, produjo el abandono y deserción de las mujeres de sus propios partidos, fracaso que las hizo preferir

120 Por primera vez en la historia del Senado, se desestimaba el informe de una Comisión. Ver: Felicitas, Klimpel (1962).

el camino conocido de la decencia, del respeto a la honorabilidad femenina, de los límites puestos por el patriarcado a su dignidad, todo ello como condición de su inserción en el sólido mundo de los políticos.

El feminismo, en adelante, será una multitud en retirada que cambiará su propia fuerza en confesión de inmadurez, porque no quiso –no pudo– tener el valor de mirarle la cara a su realidad humana, a su *ser* producto humano, no idealizable. Con ello tiró por el sumidero presente y utopía, y comenzó la larga tarea de expiar la insolencia de declararse sujeto político, sin que importara bajo qué bandera al fin lo hiciera. Decíamos que las mujeres del Partido Femenino se ven atrapadas por sus públicas postulaciones morales excluyentes. Pero también incidió, en gran medida, el ataque concertado para su desarticulación de parte de la totalidad de los partidos políticos. Y no solo por el antipartidismo declarado: los partidos necesitaban los votos de las mujeres y no podían ver con buenos ojos que éstos, y sobre todo los votos de las mujeres independientes –absoluta mayoría– se desviaran hacia una organización que, más que vagamente hostil, era interminable en sus alianzas y opciones; un partido ingobernable por los pasos conocidos de la política, y que tal vez en un futuro no lejano podía transformarse en ejemplo y en acto de otros grupos que pudiesen desencadenar fuerzas de efectos apenas sospechados, pero quizás intuidos y ligados a la alteración del orden natural de la política y la casa.

Premeditado o no, el golpe certero y bien administrado sumió en la pasividad cívica a la totalidad de las mujeres y las dejó muy uniformemente repartidas en mayorías conservadoras, autoritarias, y minorías de izquierda progresista.

En otros términos, se acepta que participen las mujeres en la política, se las llama, se les dirige propaganda desde todos los partidos, pero como aliadas de trastienda, no como contendoras.

Lo más impresionante, para quien intenta rescatar la historia de las mujeres en su relación con la política, es esa suerte de secreto de familia que rodea las circunstancias que hemos narrado. Da la impresión de que se intentó –y por todas las mujeres participantes o testigos, amigas, o enemigas– borrar no solo el fracaso y el dolor de la caída, sus miserias, sus heridas, sino que también, en su exceso de celo arrepentido, contrito, se buscó negar la caída misma. Y no solo la caída, sino además la trayectoria, negándola y recorriéndola en el sentido contrario de sus actos, repetidos ahora en positivo. De ahí que sea frecuente que las historias, los análisis, lleguen hasta las luchas por el voto, el voto conseguido, el voto utilizado, celebrando su condición de ciudadanas de plenos derechos.

Desde entonces, todo acercamiento de la mujer a la política se hará a dos bandas –del Orden o del Cambio–, desconfiándose siempre de asambleas de mujeres independientes o de grupos que recuerden hermandades peligrosas. Militantemente solas y aisladas, cada una buscará un hombre, un compañero, un ejecutivo, un militar o aventurero, un padre, un líder, un esclavo, un obrero que las ubique en la farándula. Así, despersonalizadas, serán convocadas a nuevas intenciones de sección femenina, a colocar su grano de arena –participación política– en los proyectos definidos, inventados y sancionados más allá de las cortinas.

Para la totalidad política la suerte ya está echada, y con aplicada precisión de marionetas nos ubicamos lado a lado de la lucha de clases. Cada una en su tamaño, a la medida de las ideologías que nos fueron entregadas.

Capítulo V
Tiempos difíciles

1. La liberación global

Varias veces en el transcurso de este trabajo nos hemos preguntado por qué esa enorme preocupación de las mujeres intelectuales y políticas de la época de los inicios y ascenso del feminismo por la problemática específica de la mujer, es abandonada por las siguientes generaciones de mujeres políticas progresistas; y por qué ellas prácticamente no vuelven a plantear el tema de la opresión o la emancipación, salvo ritualmente, como veíamos en el análisis del PSO y los Centros Belén de Zárraga.[121]

Que las mujeres de la derecha no lo asumieran, era consecuente con su ideología del Orden. Una vez provistas de la igualdad política y limadas las más ignominiosas diferencias civiles y culturales, el feminismo moral encontró en la derecha su último reducto: las mujeres seguirían siendo las guardianas de la patria, la familia, la propiedad. Las restantes reivindicaciones (aborto, divorcio, liberación sexual) eran para ellas deleznables o inconvenientes.

Nos parecía extraordinario que no se hubiese retomado el tema pese al enorme acceso relativo, en las últimas décadas, de algunas mujeres a la educación, a la cultura e incluso a la vida política partidaria. ¿Era que no existía opresión?, ¿que la igualdad política se expresaba en la igualdad civil, en la vida cotidiana? Cualquier análisis estadístico demostraba inmediatamente lo contrario: persistían los roles y trabajos, capacitaciones, acciones y decisiones rigurosamente divididas por sexo.

---

[121] Nota de la 1ª Edición: Del texto, "Feminismo y participación política en Chile" (Kirkwood, J., 1982a).

Más extraordinario parecía aún que no apareciera demanda femenina alguna –ni de ningún sector social– en momentos sociopolíticos de auge y profundización democrática. Vale decir, en momentos en que se daba una ampliación del sistema político (derecho a voto a menores de 21 años y analfabetos), una ampliación del sistema educacional y de salud; un mejoramiento de la calidad de vida y la incorporación de nuevos grupos y sectores antes discriminados a la vida política, tales como los jóvenes y los campesinos. ¿Por qué, en fin, el único sector que no se expresa *como tal* desde su especificidad, aun constituyendo la mitad de la población, es el de las *mujeres*?

Como hemos constatado, la demanda feminista no resurge ni desde movimientos de base ni desde los sectores más preparados académica o políticamente.

En otro trabajo que realizáramos para relevar la situación de la investigación sobre la mujer en Chile,[122] habíamos encontrado una respuesta tentativa a la ausencia de inquietud por el tema de la mujer. Allí sosteníamos que no es que no existiera preocupación alguna sobre la condición de la mujer. Se la estudia, moderadamente, pero desde una perspectiva en que el verdadero protagonista de ese análisis no es precisamente la mujer en sí, sino que se la toma como otro elemento –posible o no– de ser incorporado a un proceso de liberación global, ya en marcha, ya elaborado, al cual había de sumarse posteriormente, y cuya forma de inserción dependería fundamentalmente de su adscripción o pertenencia a clases sociales y a la eventualidad de poseer una adecuada conciencia de clase.

La liberación global, que es el protagonista fundamental de este período histórico –al que hemos designado desde un punto de vista feminista como del Silencio–, se ha planteado en política como un saber último, en el sentido de mostrarse como una teoría ya hecha, acabada, y que debe ser llevada a la praxis por los sectores más conscientes de la sociedad: el proletariado y sus vanguardias políticas.

Al mismo tiempo que una teoría, es un proyecto global de emancipación social que cierra filas en torno a su unidad y que

[122] Nota de la 1ª Edición: Notas de J. Kirkwood (1981a) sobre la "Investigación de la mujer en Chile".

por la preservación de esta misma unidad se reserva el derecho de definir la línea y de interpretar los hechos políticos. Para evitar "debilitamientos en la lucha ideológica", incluye y excluirá tajantemente la incorporación de nuevas dudas, de nuevos temas, de nuevas reivindicaciones.

Se coloca así a la doctrina fuera del alcance de las llamadas "contradicciones secundarias", entre las cuales el problema de la emancipación de la mujer guardará aplicado silencio y las mujeres, sus virtuales sostenedoras, entregarán su laborioso afán a la gran causa social.

Esta idea excluyente de liberación, leída desde la perspectiva de las demandas negadas, presenta los rasgos que Sartre denominara como "violencia idealista".[123]

Simplificando los datos, desdeñando la incorporación de detalles molestos, "insignificantes" políticamente, no se acepta analizar el problema, por ejemplo, de la reproducción de la fuerza de trabajo, ni se acepta incorporar demandas femeninas (planificación familiar) en los pliegos sindicales; se plantea explícitamente cuáles han de ser los temas válidos y prioritarios para la liberación global. Y dentro de estos temas, la mujer quedó subordinada.

Como hemos visto en la historia de los inicios del movimiento feminista, y como suele suceder en todos los movimientos o procesos de liberación político-social, el problema de la emancipación femenina o liberación de su opresión surge con mucha fuerza; sin embargo, luego del período de elaboración y creación del socialismo democrático, este problema aparece como subordinado, esperando una eterna suerte de "segundo turno".

Esta secundariedad en la definición y categorización del problema femenino ha tenido efectos posteriores: en primer lugar el silencio que nos inquietaba. Las mujeres más conscientes política y socialmente –en términos de liberación y lucha de clases– no se perciben a sí mismas, primero, como mujeres, sujetos de reivindicación propia, sino como ciudadanas –aunque aceptando peculiaridades jurídicas que desmienten la igualdad– y como miembros de una clase social determinada.

---

123 Para este punto y anterior, ver: Sartre, Jean-Paul (1963, Tomo I).

Esta imagen política configura toda una conducta de apoyo a la lucha que llevan los ciudadanos neutros –los hombres– a través de sus vanguardias –los partidos políticos–, definiendo ellos todo el quehacer político e intelectual de las mujeres.

Pocas mujeres –y en esto actúa fuerte el sentido de culpa, que va a adquirir distintos ropajes en distintos momentos, pero que estará omnipresente–, muy pocas mujeres, harán de la mujer el objeto de su inquietud o preocupación política e intelectual; y cuando lo hacen, poquísimas, casi ninguna, se identifica con ese objeto de análisis que son las mujeres: esas "otras mujeres", las no incorporadas, las domésticas, las que no participan, las mujeres pobres.

Se refieren a ellas del mismo modo que a los otros sectores desposeídos y en términos absolutos: ven siempre más relación entre hombres y mujeres de una misma clase social, que la condición oprimida de la mujer en las distintas clases sociales, cada una en su especificidad, obviamente.

En el sector de las mujeres políticas, conscientes, se tenía la sensación de que no existía tal problema femenino. Se aceptaba que tal vez antes, remotamente, fuese cierta la subordinación, pero que el problema de la condición misma de igualdad entre los sexos solo dependía de cada una y en tanto tuviese igualdad de oportunidades educacionales. Solo se aceptaba la condición sometida de las mujeres pobres en tanto *pobres,* y en tanto sometidas *junto a la familia* al sistema capitalista. La lucha entonces que se reconoce es solamente la lucha de clases.

En el plano político, todavía hoy, en un período en que la liberación ha dejado de ser la protagonista de la historia, todas las conclusiones de encuentros y congresos políticos de las mujeres más politizadas, más de vanguardia, siguen conteniendo –con cambios de matices, de defensa, pero no de desarrollo– los mismos temarios, todavía ajenos a una reivindicación femenina que no asuma ese carácter secundario de "apoyo". Generalmente –hay algunas excepciones–, la justificación de la movilización de las mujeres en encuentros y congresos la encontramos en que se ha antepuesto la palabra *mujer*, para transformarla mágicamente en protesta femenina. Así, se habla de "La mujer y la Constitución";

"La mujer y el modelo económico"; "La mujer y el apoyo a la organización sindical"; "Las mujeres y las ollas comunes", etc.

Esta situación (mujeres *no asumiendo* un papel protagónico en *su* liberación en el periodo del silencio) podría explicarse tentativamente por algunas hipótesis.

En primer término, las mujeres en cuanto producto social y cultural están situadas en los sectores más atrasados, retardatarios, de menos contestación y más expuestos al control hegemónico y a la dominación; como bien dice Juliet Mitchell, "están en el fondo del pozo".

Por otra parte, las mujeres intelectuales de nuestro país "compramos" el discurso liberador total por necesidad: para justificar el "privilegio" que significa liberarse de funciones privativas domésticas a través del recurso a la servidumbre, lo que significó no tanto una mala conciencia, sino el *dejar de ver* y analizar social y políticamente el significado del trabajo doméstico y su adscripción natural a la mujer.[124]

Existe, además, un rechazo espúrio (negándola) por parte de la mujer, de la propia condición de subordinada, dependiente y pasiva (siempre detrás en los anfiteatros, apoyando al compañero). En ocasiones este rechazo a la discriminación se afirma en la creencia de ciertas facultades femeninas "propias y distintas", que no estarían desarrolladas aún, que serían potencialidades futuras.

Otra hipótesis explicativa radicaría en que se cree poder sortear la discriminación de la mujer reafirmando el valor de *la pareja* como unidad social. Como mito se volvió bastante insostenible apenas un cierto grado de liberación sexual y moral comenzó a incidir en el aumento de las tasas de divorcio o separación.

Finalmente, también es preciso incluir el miedo a la responsabilidad que significa para la mujer asumir su inserción en el mundo moderno: independencia, incorporación al pleno empleo, responsabilidad por su vida cotidiana, etc., en virtud de la fuerte incidencia de su socialización tradicional.

---

[124] Por otra parte, esa mala conciencia solo es absorbida por las mujeres intelectuales, jamás por los hombres intelectuales o políticos que no "sufren" igualmente de verse "vividos" por otro ser humano, sea esposa, hija, "nana" o empleada doméstica.

Decíamos que la categorización hecha del problema femenino en este período tenía consecuencias no solo para la mujer, sino también para el propio proceso de liberación. En verdad, para un proceso de liberación, el hecho de NO incluir a las otras liberaciones (discriminaciones o sectores oprimidos), viene a simplificar su propia negación. Porque la inserción asexuada de grupos de mujeres y la exclusión sexuada de otros del proceso de liberación global, no solamente *no* contribuyó al proceso mismo de liberación, sino que actuó en su contra. Las mujeres como grupo siguieron siendo discriminadas, atomizadas, no-incorporadas, más adictas al orden, a la obediencia, a la autoridad y jerarquía que a una *idea de cambio social*. En suma, siguieron siendo mayoritariamente conservadoras. Y ese conservadurismo se constituyó en enfrentamiento con respecto al proyecto de liberación global.[125]

Decíamos que no nos era posible entender el problema de la reivindicación femenina como un desprendimiento puro y simple del proceso de liberación. Así como los movimientos estudiantiles son algo más que un movimiento radicalizado de las clases medias al cual no se le conocerá únicamente estudiando a la clase media, el problema de la liberación femenina es también algo más que una derivación mecánica del proceso de cambio social total. Es verdad que hay un cierto paralelismo e interdependencia teórica, pero en la práctica los procesos de liberación han sido contradictorios con la liberación de la mujer.

En un momento en que el protagonista principal es la liberación, el tema de la integración a una sociedad en desarrollo pasa a ser prioritario. Este rasgo aparece en todos los estudios de la mujer del período: incorporación a la vida urbana, cívica, a las profesiones, como estudiante. El problema real, desde una perspectiva feminista, es que estos estudios, al no asumir la contradicción entre la liberación global y la femenina, proponen una forma de integración social de la mujer que implica una aceptación de la desigualdad. Es, en otros términos, una

---

[125] Expresada en la movilización masiva de mujeres por las "cacerolas vacías" en contra del Gobierno de la Unidad Popular. La fecha de esa marcho dio logar al "Día Nacional de la Mujer" en el actual régimen (2-12-72).

integración subordinada a la nueva sociedad, legitimada por la propia acción y el conocimiento de las mujeres.

Dado que el modo en que se concluyen socialmente los temas condiciona el conocimiento, todos los estudios de la mujer y sus posibilidades de acción quedaron sesgados por esa contradicción entre liberación e integración subordinada. El planteo y la defensa de la coeducación ejemplificarían ese tipo de logros en su época: sacralizó igualdades formales entre los sexos y desigualdades en la enseñanza de roles sexuales: educación técnica para los varones y economía doméstica para las niñas.

Cuando se produce el quiebre del proceso democrático republicano de Chile, a la realidad de la *Liberación* seguirá la realidad del *Autoritarismo*.

A la preocupación por la suma, a la incorporación e integración de grupos, de sectores e intereses múltiples –con la excepción vista–, al proceso de cambio social, sucederá el repliegue, la defensa, la desarticulación. A la preocupación política por la incorporación, sucederá una preocupación por el análisis en profundidad de las causas del fracaso político de la democracia, *junto* con una re-discusión de los contenidos del proyecto liberador y una revalorización de la democracia.

El autoritarismo, que es ahora el nuevo protagonista, aparece como terrorífico "tipo ideal" que, en blanco y negro, mostrará la totalidad de lo negado.

Las mujeres, si antes no valoraban cabalmente el sentido de la liberación y aceptaban una integración subordinada, ahora, frente al autoritarismo, están en cierto modo de cara a un fenómeno conocido: el autoritarismo como cultura es su experiencia cotidiana. La recuperación democrática no será para las mujeres la re-aplicación del modelo liberador conocido.

Junto con percibir la subordinación de su inserción anterior, luchará por incorporar al nuevo proyecto liberador todo un conjunto de dimensiones enriquecedoras que, ahora sí, van a expresar la especificidad de la opresión de la mujer.

Esta nueva suma se hace evidente en las posturas tanto teóricas como metodológicas de los nuevos estudios de la mujer: junto con abordar nuevos temas –opresión sexual, división sexual del trabajo, el poder y la política, la mujer y el autoritarismo–, plantea también formas de conocimiento distintas que se traducen en una redimensión del sujeto y objeto de estudio.

Esta misma postura es válida para la acción política feminista actual. Ya no se postula una separación entre praxis de vanguardia y praxis de bases, donde unas piensan y otras actúan siguiendo y apoyando los *dictats* de una comisión política.

Tanto para el estudio como para la praxis política feminista se postula la íntima articulación y complementariedad entre el *reconocer*: toma de conciencia de la opresión; el *conocer*: análisis teórico de causas, efectos y formas de expresión de la opresión de la mujer, y el *hacer*: la praxis que conscientemente y orientadas, por la realidad opresiva, se aplica a su erradicación.

Por supuesto esta nueva orientación es aún una conciencia minoritaria, pues todavía persiste con mucha fuerza el peso del actuar político tradicional. Sin embargo, la reivindicación feminista –los atisbos del movimiento feminista– ha logrado, por lo menos al interior de la oposición, el reconocimiento de su validez como problemática política. Por otra parte, aunque muchos partidos o tendencias buscan incluir y subordinar la lucha ideológica femenina al planteo global antiautoritario en virtud de urgencias políticas, hay grupos feministas que consistentemente trascienden directivas partidistas y defienden su autonomía con profunda convicción.

Estos grupos han reasumido el derecho y el deber que significa la lucha política específica sin subordinación –aunque sí en alianza– a ninguna otra categoría. Y están conscientes de que ello implica responsabilidad y fuerza.

2. La política desde las mujeres[126]

La política no es una dimensión fácil del feminismo. Tampoco los problemas políticos derivados de la incorporación formal y concreta de las mujeres al mundo ciudadano –con la consecuente ruptura del espacio interior doméstico y privado– han sido dimensiones contenidas ni evidentes en la política, tomada ésta en su expresión científica o ideológica.

---

[126] Nota de la 1ª Edición: Del texto: "La política del feminismo en Chile" (Kirkwood, J., 1983).

Así, para la mayoría de los análisis concernientes a los problemas y obstáculos a la incorporación política de las masas excluidas en Chile, la emergencia de la temática y del movimiento feminista suele ser vista como irrelevante y/o ajena a las tremendas urgencias concretas de nuestra sociedad sometida al autoritarismo militar.

Este enfoque pareciera ignorar que la conciencia feminista de hoy tiene orígenes y significaciones sociales, culturales e históricas, más profundas, arraigadas, y menos evidentes que una mirada desde la ortodoxia científica o política. Consecuentemente, tampoco se visualiza que el surgimiento mismo de las posturas políticas feministas, en la casi totalidad de las sociedades contemporáneas, haya contribuido a plantear la posibilidad de nuevas formas organizacionales y nuevos contenidos sociales –más progresistas y avanzados– al quehacer político global.

Esta posibilidad radicaría en el sentido cuestionador del arriba-abajo de la estructura social y de los valores que la sustentan que, a fin de cuentas, significaría relevar las dimensiones del poder patriarcal inherentes a la división de los géneros sexuales.[127]

En ciertos momentos, especialmente en los comienzos, el carácter cuestionador del feminismo histórico posee connotaciones profundamente éticas, no mayormente elaboradas. A poco andar y con el desarrollo mismo de su praxis –en tanto movimiento social que demanda la incorporación civil y política *desde* la marginalidad de las mujeres–, se irán sucediendo presiones crecientes sobre la cultura, la educación, el sistema económico, especialmente en el área del trabajo remunerado. Bastante más débilmente y con distinto signo aparecerán las demandas por la incorporación activa y efectiva de las mujeres en el ámbito de la política.

Esta no presencia –o presencia tardía, contenida– y su significado, la pasividad de la mujer frente a la política, no han motivado una mayor preocupación por el tema, al cual sostenidamente se le asigna escasa relevancia cultural.

---

[127] Se usa aquí el concepto "género" en tanto término cultural que alude a la clasificación como término cultural de "masculino" y "femenino" y a los roles estereotipados que se asigna socialmente a cada uno de ellos. Ver Oakley, Ann (1977).

Los análisis más progresistas y abiertos a la duda que han incorporado el vocablo "mujer", han optado por describir minuciosamente las condiciones objetivas económico-sociales que comparten por igual hombres y mujeres en la sociedad sometida, determinando, desde allí, que las duras condiciones de existencia bastarían para una toma de conciencia política generalizada de los virtuales ciudadanos sin distinción de sexo, afirmando que esta conducta se expresaría tarde o temprano en una opción alternativa por el socialismo o profundización democrática.

Sin embargo, los escasos análisis electorales realizados suelen mostrar una fuerte tendencia femenina hacia el conservadurismo ideológico, testificando que en términos masivos las mujeres rechazan o son hostiles no solo a la emancipación social y colectiva, sino también, y con sorprendente virulencia, a la emancipación femenina. Respecto a las mujeres, todos los datos proporcionan idéntica evidencia: terror al cambio.

Las explicaciones que han considerado la opción política femenina como una prolongación o herencia de la clase del padre o del marido, advierten pronto su error: hay una significativa no-correspondencia en las actitudes y motivaciones políticas femeninas y masculinas. Por ejemplo, una elevada proporción de mujeres de trabajadores –de la clase trabajadora– se escapa del comportamiento político atribuible a su clase política, y vota por intereses distintos, atribuibles a otra clase que la propia.[128]

Así, para inconformidad y/o responsabilidad del proyecto popular alternativo, la no relevancia o ambigüedad otorgada a la inserción política de la mujer –o su ritualización electoral– suele generar persistentemente diseños políticos que acarrean efectos contrarios a la alternativa del cambio democrático. Tal cosa ha sucedido en los casos de la movilización política reaccionaria de las mujeres no solo en Chile, sino también en Argentina y Brasil, donde la actitud política de ellas contribuyó considerablemente al advenimiento de sus regímenes autoritarios.

Esta inserción conservadora o reaccionaria y su anverso, la pasividad, abulia y desinterés por una militancia activa integrada

---

[128] Esta situación fue reconocida en Chile por Salvador Allende, con motivo de la última elección parlamentaria efectuada en el período de la Unidad Popular (1973).

de las grandes mayorías femeninas en el proceso democrático, fue siempre explicada por la vía de los *obstáculos* que se oponen o que inhiben la incorporación política de las mujeres.

Dichos obstáculos aparecen más que a menudo enraizados en argumentos naturalista-biológicos que terminan reafirmando la existencia *separada* de dos ámbitos experienciales: lo público y lo privado, donde este último es visto como el dominio concreto, irreductible y confuso de la afectividad, la cotidianidad y la individualidad. Sin embargo, que este dominio presente una sensibilidad extrema a los predicamentos del orden conservador, no parece ser definitorio en el tema de los obstáculos a la participación política femenina.

Más allá de la satisfacción o el repudio, las ideologías de izquierda, centro o derecha relegan a la mujer al ámbito de lo privado-doméstico, sin que se haga cuestión ni de la "inexpresividad" de los partidos más progresistas en cuanto a la condición de la mujer, ni de la notable "expresividad" de las ideologías de derecha para hacer caudal de la orfandad política femenina. Desde ambas perspectivas –paradojalmente–, el problema femenino se reducirá a la disputa por la condición de adalid de la defensa de la *familia* –léase familia popular o familia a secas–, dejando intocadas y/o sacralizadas las redes interiores jerárquicas y disciplinarias que la conforman históricamente. Tampoco es cuestionada, en consecuencia, toda la reproducción del Orden a través de la socialización infantil que se realiza, precisamente, en la familia. Pareciera que lo que está en disputa, en el trasfondo, es la idoneidad con que cada ideología ofrece cautelar ese *núcleo de valores del Orden*.

De este modo, para las concepciones ideológicas ortodoxas el problema que se plantea no es el de la búsqueda de significados de qué es y cómo es *hacer política desde las mujeres*; por el contrario, cuando se piensa en obstáculos, se piensa en estrategias y en tácticas; se piensa en qué hacer para acarrear –aunque sea esporádicamente y por invocaciones simbólicas– a las mayorías femeninas hacia la política de sus respectivos proyectos: obstáculo será todo aquello que impida que esto sea así.

Desde nuestra perspectiva feminista, lo fundamental en el tema de la relación mujer-política no está en que se logre consignar la cuantía, naturaleza y persistencia de los obstáculos a la participación de la mujer en la política, puesto que esa pesquisa dirá poco o nada sobre la dimensión política propia de la mujer en cuanto tal.

En efecto, no se trata de establecer qué o cuánto les falta a las mujeres para incorporarse, en la forma y en el fondo, a una política que *ya está en marcha* y predeterminada. El problema consiste más bien en preguntarse qué significa el hacer política desde las mujeres, pero *a partir* de la propia experiencia y de la constatación de las propias *carencias*. Luego de definido ese *qué hacer*, podría pensarse en establecer cuáles son los obstáculos subjetivos y objetivos que se oponen, primero, a su formulación política misma, y luego a su posterior realización.

Más claramente: no se trataría tan solo de preguntarse cómo se incorporan –o no se incorporan– las mujeres a la política vía la conducta electoral efectiva; cómo se insertan y cuánto en organizaciones comunales o societales, en partidos políticos; cómo luchan –o se abstienen de hacerlo– en las situaciones de poder. La cuestión es, fundamentalmente, apuntar a cuál es la dimensión política que le corresponde a la naturaleza de la exacción, o apropiación, o alienación de la cual la mujer, como tal, ha sido objeto en la sociedad.

Frente a esta dimensión habría de detectarse si ella se expresa o no; qué es lo que impide su expresión; cómo se concretiza en fuerza; cómo, una vez constituida en expresión política, plantea conciliaciones, establece alianzas; cómo formula la superación de su condición alienada (utopía) y, finalmente, cómo se actualiza, se planta en el *hoy* y se *vincula* al proyecto global.

Entenderemos por quehacer político, el planteamiento y organización de la prosecución del fin o estadio que permita la plena realización del ente que se plantea su propia virtualidad. Concretamente, todo individuo humano, aun el más alienado y expropiado, contiene una idea, una virtualidad de su ser humano en plenitud. La realización –el planteo y la búsqueda– de esa virtualidad es su *hacer-político*, para, desde allí, emprender la virtualidad humana total.

Viceversa: realizar la sola virtualidad global o de otro –individuo, grupo o clase– por justa, histórica o científica que sea, será para sí mismo –si se ignora a sí misma– espúria, interpuesta.

Asimismo, la acción política de un sector o grupo marginado en el interior de la colectividad a que pertenece será primordialmente el acto de negar –y reconocer para negar– aquello que lo niega en esa colectividad, para luego –y a partir de allí– participar en la totalización y conciliación de todas las negociaciones particulares o específicas.

Dentro de la lógica de la dominación de clases, la superación de la alienación de la clase trabajadora se produce solo y cuando dicha clase niega la enajenación de la que ha sido objeto y que ha privado a los individuos miembros de su actividad humana, de su libertad y creatividad.

Con la misma puntualidad, el centro del quehacer político de las mujeres habrá de consistir en la negación de aquello que las niega: la negación de su *alienación* del mundo exterior, público, productivo, del cual ha sido excluida históricamente, relegándola en cambio, de modo exclusivo, prioritario e ineludible, al ámbito de la reproducción doméstica.

Negación de la *exacción de su identidad*: al ser relegada al ámbito doméstico, ha sido privada de su actividad creadora, del producto de su actividad y de su libertad. Recuperar su identidad será la negación de su condición secundaria y dependiente, objetiva y subjetivamente.

No es nuestro propósito negar la realidad y vigencia contenidas en la lógica de interpretación de la dominación de clases. Por el contrario, cuando desde el feminismo se apunta al sesgo excesivamente economicista que ella contiene, se hace en la perspectiva de un enriquecimiento de esa formulación, al añadirle el planteo de aspectos fundamentales, no del todo contenidos en su especificidad.

En efecto, el feminismo se constituye realmente en movimiento de liberación social en Chile, en tanto logra articular la lucha y su consecuente creación ideológica, simultáneamente en contra de la opresión de clases y de la opresión patriarcal, sin priorizar ni sacrificar una lógica a la otra, sino planteando una nueva integración de esas antinomias aparentemente irreductibles.

Para las ideologías conservadoras, la idea de *lo que es* y *debe ser* la experiencia política de las mujeres ha pasado sucesivamente por la idea de aportar a la política rasgos "privativos" femeninos: tono moral, sensibilidad social y complementariedad; en general, contenidos que aportarían el lado humano sensible a la impersonalidad, aridez y agresividad de la política. De acuerdo a esos contenidos, se demarcarán áreas de actividad política femenina posibles: servicio social, voluntariado asistencial de la extrema miseria, recuperación moral de lacras sociales, etc.

Esta visión considera a lo "interior-privado" como morigerador de la brutalidad del ámbito público "excesivamente orientado a la lucha por el poder político". El ejemplo más gráfico estaría en el reconocimiento del valor del aporte femenino en la administración comunal: Municipalidad y Juntas de Vecinos que no son sino "una casa más grande".

La ortodoxia de izquierda, también reconociendo la existencia separada por sexo de aquellas dos áreas experienciales, difiere precisar o teorizar en el presente sobre las conductas políticas actuales y específicas de las mujeres, trasladando el planteo y la resolución del problema al futuro, subordinándolo a la resolución revolucionaria global.

Así, otorga prioridad al problema político que deriva de la *actividad productiva*, advirtiendo que una vez cambiadas las condiciones de las relaciones de producción, *naturalmente* sobrevendrá el acomodo de las relaciones de *reproducción*: ámbitos público y privado, respectivamente.

El problema que se nos presenta con esta postura, es que al reconocer la existencia de la cuestión femenina, si bien se le otorga una cierta validez, a partir de ese mismo reconocimiento se le estipulará una doctrina –en base a un impecable desarrollo lógico de contradicción principal (producción) y contradicción secundaria (reproducción)– y se marcarán los límites en dónde y cómo esa subordinación femenina puede expresarse políticamente.

Así se abandona y no procede en el hoy una mayor profundidad en el análisis. Según este enfoque, el feminismo como expresión de demandas específicas de un ámbito "privado" no es pertinente; no es necesario.

Pero, ¿qué significados concretos ha acarreado esta postura política despreocupada?

En la práctica social, la izquierda suspenderá, dejará de ocuparse de alrededor de un 70 a 80 por ciento de mujeres adultas que se vuelven, en cada ocasión política formal, hacia el lado del Orden. La derecha, por su parte, considerará "antinatura" al 20 ó 30 por ciento de mujeres adultas que se inscriben en los márgenes del izquierdismo, cosa que se traducirá –en los diez años de autoritarismo– en condiciones represivas espeluznantes –torturas, vejámenes sexuales, violaciones– para aquellas que trasgreden el límite y se inmiscuyen en ese ámbito público que "no les corresponde".

Para muchas de las concepciones feministas contemporáneas, la suma de la totalidad de la experiencia de las mujeres concerniente a sus condiciones de vida –trabajo remunerado o no, reproducción, relaciones familiares, políticas y económicas– requiere de una interpretación global que integre y exprese actualmente la condición femenina alienada.

Al mismo tiempo, la teorización feminista buscará re-conocer todos aquellos elementos que han hecho posible tales condiciones de vida. Es decir, se trata de determinar, hasta donde sea posible, de dónde emanan esos mecanismos históricamente condicionadores de la opresión de la mujer.

Con distintos matices, el feminismo ha apuntado al concepto de patriarcado como explicación teórica de la problemática de la mujer, no sin haberse visto tironeado largo tiempo por las exigencias de dos lógicas aparentemente contradictorias: una, la lógica de la sociedad de clases; la otra, la lógica de la dominación patriarcal.

Una forma sugerente de articulación de ambas lógicas es formulada por Carmen Elejabeitía,[129] quien cuestiona la distinción excluyente entre los ámbitos de la Producción y Reproducción en

---

129 Elejabeitía, Carmen de (1980).

el análisis marxista, considerándolas a ambas como *una sola y misma cosa*. En efecto, ambas formas constituirían *la producción*, variando tan solo el *medio* al cual están referidas.

Así, habría relaciones de producción actuando sobre el medio no-humano y relaciones de producción actuando sobre el medio humano, esto es, la producción de la reproducción humana o fuerza de trabajo. El medio humano sería, en esta perspectiva, tan objeto de producción como lo es el medio no humano, lo que implica que el medio humano puede ser y de hecho lo es, *no sujeto*, sino objeto de la actividad productiva.

Las mujeres, exclusivamente a cargo de la reproducción biológica y *social* de la fuerza de trabajo, participarían como entes alienados en la producción del medio humano.

Aun cuando a este tipo de análisis le falte clasificar muchos aspectos, consideremos una cuestión que deriva de ella: el único *sujeto* en la relación de producción así mencionada, estaría constituido por la convergencia del capital y el poder patriarcal, lo que exigiría una revisión de la teoría del valor en Marx y en los marxistas.

A pesar de todas sus imprecisiones, el planteo de la teoría patriarcal señalada nos sugiere nuevas preguntas en la relación mujer y política, que debieran ser contestadas. Usémosla en ese sentido: si no hay secundariedad de la reproducción de la fuerza de trabajo, porque toda actividad humana es producción, tampoco podrá haber secundariedad en la formulación ni en la práctica política concreta de las mujeres.

Si toda formación social se deriva de las relaciones de producción así redefinidas, cabría pensar si entre las formas de alienación no es más importante –por más "original"– aquélla que se ejerce sobre las productoras en el medio humano, y desde la que se proyecta como desde un modelo toda la subordinación de los productores en el medio no-humano.

Eso significaría un ajuste o un "camino de centro", una inversión lógica y una modificación en el reconocimiento del eje político revolucionario y de alianzas políticas posibles.

Según esta posibilidad lógica, la alienación de las mujeres estaría en el principio de la cadena de enajenaciones y, viceversa, en el inicio del proceso de liberación; y *nada* podrá ser cambiado en las relaciones de producción sin plantear simultáneamente el cambio en el ámbito conocido como proceso reproductivo.

Esta inversión, o cambio de clave, constituiría el nudo específico y embrionario de los movimientos feministas contemporáneos y "posiblemente también la razón más profunda y última para la ruptura del orden patriarcal y, en consecuencia, para la liberación humana",[130] Por lo tanto, también para el quehacer político de las mujeres.

La capacidad histórica de las mujeres para resistir y oponerse a su enajenación, ha modificado y diferenciado a los distintos modos de dominación patriarcal, pese a que la totalidad de esta resistencia ha estado invisible en la historia.

El cómo se expresa y a qué se opone hoy en nuestro país la resistencia femenina, y cómo ha sido su proceso de concientización en cuanto a su condición alienada, todo esto constituye las actuales preocupaciones de los grupos feministas en Chile, sin que importe cuán confusamente sea esta "resistencia" planteada o expresada.

Derivando de estas interpretaciones, la praxis política de las mujeres habrá de ser entonces el *acto de negación*[131] de los mecanismos interpuestos a su liberación y, al mismo tiempo, de todo aquello que constituyó el origen o la génesis de su exclusión y opresión.

Como primera aproximación esbozaremos algunos contenidos de esa negación.

Negación de la existencia de dos áreas de experiencia y actividad humana excluyentes y separadas: la pública y la privada, en tanto encubren clases cerradas e irreductibles de actividad, en virtud de los géneros masculino y femenino.

Esta negación se inserta en el gran espacio de la división social del trabajo, y apunta a negar otro aspecto no considerado en su interior y del que solo se ha reconocido la separación alienante del trabajo productivo, en trabajo manual versus trabajo intelectual.

Negación de la condición de improductividad, de "no trabajo", atribuida socialmente a las mujeres en su rol de *reproductoras*

---

130 Ibid.

131 Hemos usado el concepto de negación según fue formulado por George Lukács (1969).

individuales de la fuerza de trabajo colectiva, condición que las convierte en ejecutantes obligadas de una actividad que va más allá de la propia subsistencia, aspecto específico en que es inevitable invocar al trabajo esclavo.

Negación de la situación de dependencia que como grupo social y cultural sufren las mujeres en los ámbitos cívico (derechos civiles asimétricos), político, económico, sexual y psicológico.

Como resultante de las negaciones anteriores, surge la negación de la condición de *objeto*, de *alteridad* y de *secundariedad*, a que esas categorías han reducido al género femenino. Negación de la *atemporalidad* real o atribuida a la reivindicación feminista. Negación del aislamiento, la atomización e individuación de los problemas de las mujeres y, consecuentemente, afirmación del nosotras.

3. Las preguntas feministas

Si hubiera que sintetizar el interés del tema de la mujer y la política, diríamos que éste pasa por el desarrollo de una idea. ¿Cómo se ha hecho, elaborado históricamente, y cómo es posible hacer, hoy, una política feminista, en consideración con las formas y las razones por las que ha sido recibida, canalizada, desvirtuada, o negada como una opción política válida? ¿Cuáles son, a la luz de la experiencia histórica, las viabilidades de la acogida, confrontación y diálogo al presente?

Dentro del problema planteado de *por qué* no se asume claramente que para la condición femenina están operando por lo menos dos lógicas de dominación, habría que buscar más específicamente respuestas a varias interrogantes: ¿Qué incidencia tiene y ha tenido la concepción ideológica que podríamos llamar patriarcado de izquierda en la dificultad –o imposibilidad– de que las mujeres colectivamente *no* asuman su reivindicación específica, *en* relación directa a la lucha de clases? ¿Cómo es posible la percepción de la política feminista en las mujeres militantes de partidos de izquierda? ¿Cómo aceptan o asumen –o no aceptan y qué significa el rechazo– el ser definidas objetos y no sujetos de la política? y, finalmente, ¿por qué no se siente desde las mujeres de izquierda el derecho a asumir una lucha propia reivindicativa, no secundarizada?

Estas preguntas y su necesidad de respuestas nos han surgido de una revisión de los problemas y vicisitudes por los que ha pasado la formación de la conciencia feminista en Chile, desde los inicios de su constitución hasta la disolución definitiva en los primeros años de la década del 50, justamente en momentos en que se logra el voto político para la mujer.

Pero nos interesa, también, a partir de 1978, el fenómeno del resurgimiento de una conciencia feminista. Se recomienza entonces a plantear la liberación con las dimensiones y contradicciones señaladas y controvertidas. Hay grupos funcionando, hay algunas propuestas ideológicas y de acción, aunque todavía se encuentran muy envueltas en fenómenos difíciles de develar y explicar.

El problema de la temporalidad afecta, sobre todo, la participación pública política de las mujeres. Además, el reconocimiento de la lógica patriarcal no se expresa directamente, sino utilizando el lenguaje construido en torno a las contingencias que prescribe la lógica de clases. La dimensión feminista está presente, latente, pero es disfrazada en el lenguaje público reivindicativo.

El problema de la atemporalidad es evidente: los problemas de las mujeres parecen estar ubicados fuera del tiempo, fuera de la historia, fuera del acontecer y la contingencia política; son vagas formulaciones desconectadas de los contenidos reales de la política. Claramente puede percibirse esta atemporalidad en las revistas femeninas e incluso en las publicaciones feministas. Se habla de un tiempo desconectado, abstracto, pero que para las mujeres connota profundas resonancias.

También se plantea el problema de la identidad. Aunque se haya tomado conciencia de la lógica patriarcal, ésta no es asumida, proyectada y transformada en herramienta de lucha; la experiencia de opresión no es "apropiada", hecha arma propia, en el sentido que postula el feminismo.

Nos preocupa, en este sentido, conocer cómo esta forma de ser feminista –como resultado de una praxis política impuesta–

está siendo afectada por la tensión creciente entre "políticas"[132] y "movimiento", forma esta última que reconoce la no-contradicción entre lógica de clases y patriarcal.

Otro problema significativo del momento es el reconocimiento de la *invisibilidad de la historia de la dominación patriarcal* y, más aún, de la invisibilidad de las luchas colectivas, emprendidas por las mujeres contra su opresión. Este problema afecta de modo especial, pues se tiene la impresión de tener que generar todo desde la nada histórica. Es preciso develar dichos ocultamientos.

Así, la necesidad de profundizar en estas ideas comienza a evidenciarse en las preocupaciones de diversos grupos de mujeres que se ven frente al momento crítico que plantea una probable apertura política. Esta preocupación se expresa al preguntarse qué va a suceder con las reivindicaciones feministas que hoy se evidencian con fuerza creciente: la demanda de participación política de las mujeres, ¿volverá a ser tragada, fagocitada por la política partidaria?

En Chile, el Movimiento Feminista es apenas emergente y no ha tenido aún el tiempo de teorizar, en el sentido de dar coherencia a los principios y problemas expuestos por las mujeres en su actividad práctica. Tampoco ha tenido el tiempo de elaborar estrategias en torno al problema de la autonomía, de la doble militancia, de la forma de insertarse en el campo político, de cómo iniciar una praxis pública. El momento es delicado porque en él se está resolviendo el futuro, y éste dependerá absolutamente de cómo se resuelva la cuestión entre la lógica patriarcal y la lógica de clases.

Aunque pueda parecer paradójico, a partir de la experiencia sufrida bajo el sistema autoritario dictatorial, hoy se ha hecho más evidente para muchos sectores, que el autoritarismo es algo más que un problema económico o político; que tiene raíces y cauces profundos en toda la estructura social; que hay que cuestionar y rechazar muchos elementos y contenidos antes no considerados políticos, porque eran atribuidos a la vida cotidiana–privada. Se ha comenzado a decir que la familia es autoritaria; que la socialización de los niños es autoritaria y rígida en la

---

132 "Políticas" es el apelativo que se dan a sí mismas las mujeres militantes de partidos de izquierda.

asignación de los roles sexuales; que la educación, las fábricas, las organizaciones intermedias, los partidos políticos, se hallan constituidos autoritariamente.

También se ha hecho planteo común el que las necesidades reales sociales no pueden ser atribuidas-definidas *desde fuera* a los grupos que supuestamente las experimentarían; que esta atribución constituiría una nueva y doble enajenación.

En este sentido, es explicable la preocupación feminista de hoy: ¿serán los partidos aptos para representar las necesidades de las mujeres, reconociéndose las distancias y ambigüedades en las relaciones de cúpula, bases militantes y bases electorales y las dificultades de la adecuación ideológica a los nuevos temas y a las nuevas exigencias que se presentan?, ¿se constituirá un espacio político donde tengan efectivamente representatividad y expresión los movimientos sociales? y, por último, ¿se constituirá una instancia autónoma, política, de expresión feminista?

Obviamente, estos son temas que trascienden el debate del quehacer político concreto presente en nuestro país, pero constituyen la totalidad donde se inserta el Movimiento Feminista y determina su significación dentro del tema de la socialización del poder y la lucha concreta contra el autoritarismo, ya bastante estructurado socialmente.

La realización de la política es algo más que una referencia al poder del Estado, a las organizaciones institucionales, a la organización de la economía y a la dialéctica del ejercicio del poder. Es también repensar la organización de la vida cotidiana de mujeres y de hombres; es cuestionar, para negar –o por lo menos empezar a dudar– la afirmación de la necesidad vital de la existencia de dos áreas experienciales tajantemente cortadas: lo público (político) y lo privado (doméstico), que sacralizan estereotipadamente ámbitos de acción excluyentes y rígidos para hombres y mujeres.

Capítulo VI
Tiempo de mujeres

1. El feminismo como negación del autoritarismo[133]

Generalmente confiamos en dar una descripción lo más completa posible del problema que nos inquieta: en este caso, la difícil relación entre lo político, lo feminista y lo popular, tres dimensiones ya complejas por sí solas. Desde la partida, he querido rechazar una forma realista tanto como otra idealista, para dar cuenta de la manera en que estas tres dimensiones se interrelacionan y se significan mutuamente en la situación chilena.

De ahí que haya optado por comunicar una serie de reflexiones que me han surgido al tratar de ver, desde la perspectiva de su interés latinoamericano, el problema del feminismo como política en Chile.

Obviamente, todo planteo político-ideológico surge desde un ámbito histórico-cultural propio y aparece teñido por su signo. En este sentido, podríamos decir que los movimientos feministas o movimientos políticos de mujeres en América Latina en los últimos años aparecen y se constituyen en, a lo menos, tres situaciones muy gruesas de historicidad: una democrática formal que puede tener distintos momentos y signos, una revolucionaria, y una de quiebre democrático y autoritarismo.

Reconociéndole a cada una de estas situaciones una complejidad aquí inabordable, me referiré al surgimiento y sentido del feminismo en Chile bajo el manto y el peso del decenio del régimen autoritario.

Al feminismo, como al resto de los movimientos sociales contemporáneos, puede identificársele por la concurrencia

---

[133] Nota de la 1ª Edición: Del texto original "El feminismo como negación del autoritarismo" (Kirkwood, J., 1983a).

de tres principios básicos: un principio de identidad, uno de oposición o definición de su adversario y un principio totalizador o formulación del proyecto global alternativo.[134]

Bajo esta categorización, los movimientos sociales son más bien lo que pretenden que lo que *efectivamente* son, importando entonces más los contenidos cualitativos que se expresan, que su cantidad precisa o el grupo social que los encarna. Este procedimiento nos permite evitar la tendencia a definir al movimiento feminista esquemáticamente por la lógica de la dominación de clases, descuidando otras dimensiones de particular importancia, como son la lógica patriarcal (dominación de género) y como podrían ser las dimensiones de la discriminación por edad.

Pienso que, desde este punto de vista, hablar o dar por sentada la relación feminista-popular, es haber tomado un compromiso conceptual que previamente pudiera afirmar la validez, excluyente, de una categorización predefinida por la lógica de clases.

A partir de estos antecedentes intentaré una breve interpretación del feminismo chileno como política, en un ámbito de vigencia autoritaria.

El proceso sociopolítico que se venía constituyendo históricamente en Chile en los anteriores cincuenta años era de conformación de una comunidad política cuyos objetivos fundamentales eran, por una parte, la incorporación creciente, vía la ciudadanía política, de aquellos que no estaban incorporados: sectores medios, obreros, campesinos, mujeres, jóvenes y, por otra parte, la destrucción de la dominación oligárquica, así como el sistema político institucional y los valores culturales que la legitimaban. La sociedad en su conjunto parecía abierta a la expresión de nuevas dimensiones a través de sus mecanismos de acción social, de políticas estatales y de partidos políticos. Todo ello en cierto marco de crecimiento económico sostenido por un proceso de desarrollo industrial, de crecimiento urbano y de reforma agraria.

Si bien este esquema de democratización sostenida es válido para el plano del sistema político formal, no lo es tanto para el sistema de poder social, o sea, para las relaciones de clase, lo

---

[134] Ver: Touraine, Alain (1978).

cultural, el poder económico, y menos aún para el ámbito de las relaciones sexo-género.

A nivel de la sociedad civil no había una correspondencia con los logros que sí se encontraban a nivel de la sociedad política. Así, por ejemplo, un obrero *podía* llegar a senador en representación de un Partido Popular, pero su condición de "excelentísimo" en el Parlamento poco tenía que ver con la relación obrero/patrón que el mismo obrero sufriría en la relación social cotidiana. De igual modo, la condición de representante política de una mujer en el Parlamento, tampoco garantizaba un cambio hacia ella dentro del sistema de relaciones familiares o en el sistema de atribución de género.

En una situación en que lo predominante era la perspectiva política, fueron las relaciones de clase y su lógica las que quedaron preferentemente incluidas en el ámbito de lo político, sin que se asumiera o se expresaran otras dimensiones. Así, las de carácter sociocultural y de sexo-género quedaron oscurecidas. Hay una democracia política desarrollada, pero la democracia social con todo su sistema de pautas de conducta interpersonales es bastante menos expresada y desarrollada.

Sin embargo –y pese a esta no correspondencia entre sistema político y sistema de relaciones concretas, cotidianas–, el avance democrático en el sistema político significó una amenaza a la hegemonía y a la praxis de los sectores político-económicos dominantes, lo que se tradujo en el advenimiento del régimen dictatorial de extrema derecha.

Uno de los temas de primera importancia para la perspectiva feminista fue, precisamente, el hecho de que el régimen, para imponer su autoritarismo, no solo recurre al poder omnímodo de sus fuerzas militares, sino que también –brutal y exitosamente– a todo el autoritarismo subyacente en la sociedad civil. Aunque no las únicas, pero sí explícitamente las más, fueron las mujeres desde su condición femenina las más proclives al autoritarismo y al conservadurismo social. Este hecho bastó en ciertos momentos para explicar por qué las mujeres no asumieron la lucha política *en su situación* de clase.

Se daba entonces la extrema paradoja, evidente en las estadísticas, de un gran sector político de clase –masculino (45%)– que cuestionaba a fondo el sistema político, cohabitando con otro gran sector, multiclase y femenino (70%), sumido en el autoritarismo, expresando su rechazo al cambio social o, en el mejor de los casos, detenido en un plano de apatía y desinterés político.

La explicación que se intentaba a esta situación se afincaba en oscuras motivaciones "naturales" y biológicas.

Para el análisis feminista, sin embargo, empezó a ser evidente que la razón de ser del autoritarismo o conservadurismo femenino no radicaba en "esencias femeninas", sino que, por el contrario, obedecía a una *razón de género* y, por lo tanto, a una pura construcción social, cultural y política, cuyos parámetros eran otros, apenas atisbados.

Desde esta perspectiva feminista quedaba en evidencia que el autoritarismo societal no solo provenía de la burguesía y de las castas militares, sino que el discurso autoritario también proviene de las clases medias –incluyendo profesionales e intelectuales–, de las clases proletarias y campesinas. En realidad, de la totalidad de la sociedad.

En todos estos sectores que estaban por el cambio social, las ideologías parecían bifurcarse en dos planos con absoluta naturalidad: por un lado, una ideología progresista, revolucionaria, constituida en un ámbito político público *totalmente ajeno* al contexto de las relaciones y conductas sociales cotidianas, reales. Y, por otra parte, una ideología tradicional, conservadora, que proporciona un modelo coherente a la situación real, jerárquica, disciplinaria, constreñida, que implica la vivencia de los roles femeninos al interior de la familia en todas las clases sociales. Así, la ideología tradicional, autoritaria, inmovilista, cauteladora del Orden, se corresponde con una práctica concreta rígida y cerrada al cambio.

No es el caso insistir en un retrato de la destrucción política, cultural y social que nos han significado los últimos diez años. Por sus implicancias, me gustaría rescatar las observaciones que en 1984 a Alain Touraine le sugirió la coyuntura política chilena de los últimos meses: su opinión es que se está frente a una situación de poder total frente a la cual no ha sido posible oponer un proyecto político también total, debido esencialmente a la *desaparición* de los actores sociales.

Este hecho se expresaba, a su juicio, en tres circunstancias elementales: porque los muertos de las protestas son para nosotros *víctimas* y no *mártires*; porque no se logra traducir el ruido de cacerolas en voz humana, y por la presencia pública de un fascismo barato, cuya base principal la constituyen las *mujeres*, junto a los militares y los niños.

Estos hechos, aunque no lo parezcan, están profundamente imbricados con el hacer política atribuido a las mujeres: a ellas les corresponde el apoyo, el llanto por las víctimas de la guerra, la cautela del orden, la glorificación del poder.

(Constituir mártires implica, ciertamente, haber generado héroes, es decir, enfrentar al autoritarismo, desafiar el poder. Hacer héroes es afirmar una contra-legalidad y una contra-cultura en cuyo valor ha de creerse por sobre todas las cosas.)

En cierto modo, se están generando en la conducta social chilena ciertas pautas que tradicionalmente se identificaron con lo femenino. Esto es claro de entender luego de un proceso sostenido de reducción a la sobrevivencia, de atomización social, de velamiento de las relaciones político-sociales, de castigo y represión de todo atisbo de rebeldía, de la imposición total de un Estado patrimonialista que administra el país como se administra la casa, es decir, determinando los fines y los medios adecuados a sus miembros, minusválidos e incapaces de discernimiento.

En esta situación, los partidos políticos, que subsisten dificultosamente, han perdido, en su mayoría, la relación esencial, directa, inmediata y derivada de lo que eran tradicionalmente sus bases, aquellos a quienes representa y articula en conciliación de intereses. La derecha política abandona clases medias altas y opta por una tecnocracia, a la que pierde luego de su fracaso. También ha perdido a las mujeres más activas (poder femenino), que pasan a constituir el núcleo de movilización de la Secretaría Nacional de la Mujer y CEMA Chile, que controla directamente –ideológica y materialmente– la Presidencia conyugal.

El centro político (Democracia Cristiana) abandona las clases medias y olvida su populismo y cooperativismo. El Partido Comunista abandona la clase obrera (su base reconocida, hoy disminuida y por debajo del 18 por ciento), y se orienta hacia los sectores marginales y campesinos. El Partido Socialista, dividido y reunificado, pareciera buscar reconstituir sus bases históricas: profesores, educadores, profesionales, funcionarios y sectores populares.

Hay por todas partes una suerte de búsqueda de bases míticas, las cuales parecen personificarse en dos categorías también míticas: los pobladores y las mujeres. Las mujeres, otra vez, aparecen como la gran base misteriosa y rediviva.

Históricamente, las posturas de izquierda han disputado las bases femeninas al tradicionalismo, y siempre las han perdido. Sin embargo, confían también en que las condiciones materiales las vuelquen a mirar como su salida aquélla ofrecida a la familia proletaria. Pero, tradicionalmente, no hay más que eso. Las mujeres, aun las propias mujeres populares, no perciben, no entienden (mayoritariamente hablando) el ofrecimiento político que les presenta la izquierda. Y es claro que así sea: donde se les ofrece subvertir el orden del capital y el trabajo, ella se sabe "no trabajadora", ella es "dueña de casa" o "compañera".

No se reconoce a sí misma como fuerza productiva y cuando sabe –con gran dificultad puesto que no ha sido verbalizado culturalmente– que es, por el contrario, fuerza reproductiva de la fuerza de trabajo, sabe también que éste es un problema no-principal, de resolución derivada de los cambios de la estructura social.

Sabe que nunca podrá tomar el poder, que es bocado de obreros y campesinos; más aún si se le dice ser poseedora del otro poder, del poder de la casa, del poder del afecto, del chantaje emocional (reina, ángel o demonio del hogar) por naturaleza biológica, por el placer de ser apropiada y sometida. Y por estar instruida en lo privado, aborrece de lo público.

Frente a esta dimensión, habría que preguntarse si la alienación de género se expresa o no: qué es lo que impide o perturba su reivindicación (toma de conciencia); cómo se perfila en los distintos sectores o grupos; cómo contribuye o desalienta la constitución de la sociedad capitalista; cómo niega o reafirma las ideologías clasistas.

Luego de esbozado o perfilado ese quehacer, podremos hablar de obstáculos objetivos y subjetivos: de todo lo que se opone a la formulación y a la realización de esos contenidos en la vida concreta, dimensionada por variables económico-sociales históricas.

Seguidamente, habría que considerar cómo, una vez constituida en expresión política formal (movimiento o partido, ¿o qué?), plantea alianzas, establece conciliaciones con otras fuerzas y, finalmente, cómo formula su utopía o la superación de su condición alienada dentro del esquema de un otro proyecto social global.

Para expresar este tipo de política feminista sería necesario, en primer lugar, construir un concepto no sexista de política que incluya, como término válido y simétrico, el mundo de lo experiencial privado y cotidiano.

La praxis política de las mujeres en tanto proceso y proyecto debiera ser el *acto de negación* permanente de aquello que se interpone a su liberación; negación de los mecanismos que reproducen su alienación y, al mismo tiempo, negación de todo aquello que constituyó el origen o génesis de la subordinación genérica de la mujer.[135]

Cabe insistir en que referirse a la subordinación genérica no implica en modo alguno negar la incidencia profunda que ejercen sobre las mujeres las variables que instituye la desigualdad social: clase, grupo de clase, área de actividad, condición de trabajo, educación, etc. Por el contrario, la discusión sobre géneros sexuales significa incluir dimensiones que no están integradas a la lógica teórica de las clases y, por lo mismo, contribuyen a clarificar algunos de los grandes vacíos existentes en el actual análisis del capitalismo como fenómeno total.

La práctica política de las mujeres debiera implicar, también, negación de la existencia de dos áreas de experiencia y actividad

---

[135] Se ha usado el concepto de negación según fue formulado por Lukács (1969), como superación de la condición alienada.

humana excluyentes y separadas, la pública y la privada, en tanto que encubren clases cerradas e irreductibles de actividades en virtud de géneros masculino y femenino. Estas dos áreas, excluyentes, se hacen más comprensibles desde el análisis que hace Arendt en *La condición humana*[136] sobre las esferas pública y privada, en donde a la primera le corresponde el mundo de lo político y el mundo de la libertad. A la esfera de lo privado, en cambio, le corresponde el mundo de lo doméstico, incluyendo esclavos, mujeres y niños, y "su reino" es el reino de la *necesidad*.

Según este esquema se accede a lo público político, o sea a la libertad, si se tiene, y *solo si se tiene*, garantizado el dominio de las necesidades vitales.

La fuerza y la violencia se justifican en la esfera privada doméstica, puesto que son los *únicos medios* para dominar la necesidad (se puede gobernar a los esclavos –mundo del trabajo–, a las mujeres y a los niños –mundo de la afectividad, la procreación y la sucesión–, solo mediante la fuerza y la violencia).

Es, obviamente, la negación de este tipo de separación entre lo público y lo privado el primer aspecto que se hará evidente en la formulación de una política feminista que busque una recuperación de una identidad humana para las mujeres, sumergidas en el mundo de la necesidad. Los contenidos de la política feminista se derivarán de esta primera distinción.

2. Feministas y políticas[137]

Fuera de reconocer algunas evidencias en el plano apariencial y de formular ciertas hipótesis tentativas, no es posible todavía tratar seriamente y en su total magnitud la relación entre la mujer y lo político, razón por la que me permitiré un ensayo simple y personal sobre dos estilos del hacer y el actuar femenino. Me refiero a las mujeres feministas y a las mujeres "políticas".[138]

En la última década, es posible constatar la emergencia y la visibilidad creciente de una nueva presencia político-social en

---

136 Arendt, Hannah (1974).

137 Nota de la 1ª Edición: Del texto "Feministas y Políticas" (Kirkwood, J., 1984).

138 Uso la denominación "políticas" en el estricto sentido en que esta categoría de mujeres se refiere a sí misma; sin que ello involucre un pronunciamiento o una adhesión a la justicia del término.

la oposición democrática de Chile: los grupos de mujeres. Con historias, tiempos, vigencias y membresías variadas; con orígenes superestructurales o de base, con característica interclases o intraclases, pero siempre con formas que traen la gran novedad de estar constituidas y generadas fundamentalmente por mujeres y/o para mujeres, estas organizaciones abarcan las más amplias gamas de actividades y objetivos.

Surgen grupos para la acción y la demanda urbana o rural; grupos para la reflexión y el crecimiento personal; para el estudio de la condición de la mujer; para la solidaridad y/o el auto-apoyo; para la formación y acción política; para la acción de base: comités de sin casa, arpilleristas, bolsas de cesantes, comedores populares, ollas comunes; para el apoyo en coyunturas nacionales, para la defensa permanente de los derechos humanos, la defensa y la denuncia de los familiares de los presos políticos, de los desaparecidos, de los exiliados, de los relegados, para el retorno; para la defensa de la salud, para paliar el impacto de las drogas, de la indefensión de niños y jóvenes, etc.

Por este rasgo diferencial de estar, los grupos, íntegra o principalmente constituidos por mujeres, pareciera que se está ante una sola, misma y nueva noción de organización en la sociedad civil chilena. Aparentemente.

Sin embargo, una mirada sociológica más perspicaz descubrirá, evidenciará entre unos grupos y otros, sutiles variaciones, pequeños giros tanto en la forma de estructurarse y proceder, como en los contenidos, principios y objetivos que cada uno de ellos se propone.

En los unos, de repente, una pequeña variación/mutación en la formalidad del procedimiento: la estructura parece diluir su jerarquía, el orden vertical de dirección-a-base se torna difuso, la audiencia inicia y cierra un movimiento circular, horizontal, de sillas dispuestas en redondo; la directiva se pierde, se confunde en esa ronda ahora equivalente de responsabilidades y tareas. No hay oradoras recurrentes y separadas de las pasivas escuchas; las iniciativas, las propuestas y las críticas, se hacen, simplemente, base.

Idéntico giro en el lenguaje: los temas de pasillo se tornan temáticas de la asamblea; lo privado, la mujer misma, se hace punto de la tabla y del debate social. Se realiza una nueva mezcla de política y vida cotidiana. Se ha producido una desclasificación de los códigos, una inversión de los términos de lo importante. La participación se ha hecho acto social, real y concreto.

De las miembras de estos grupos se afirma que son o poseen en distintos grados la cualidad de *feministas*.

En los grupos organizados –el otro polo–, casi todavía mayoritario y hegemónico en el ascendiente político, la ruptura de fondo y de forma ha demorado más su entrada. Les códigos reconocidos del hacer política se prenden aún fuertemente en sus procedimientos y en sus temas. Nos encontrarnos con Directivas y Ejecutivos claros y nítidamente señalados por la disposición de "la mesa" (presidium) versus la audiencia (mujeres de base). Los procesos de movilización, las tácticas, las estrategias, las funciones, se perfilan sin redondas discusiones: se ha resuelto ya el problema de las prioridades. La gran dificultad es el cómo hacer, cómo movilizar; el para qué y el desde dónde no constituyen problemas de mayor envergadura.

Se prioriza la palabra *política* y allí, dentro de ella, se enfatiza la palabra mujer en una línea clara y definitivamente atada a la situación del país, a la familia y a los hijos. Hay un cierto descarte desdeñoso por la ubicación de presencias y temas considerados "demasiado" feministas. En estos grupos siempre el término *mujer* aparecerá calificado por la clase, por lo popular, por la crisis, por el sistema familiar. Es un término no independiente. A la mujer no se la concibe sola.[139]

A pesar de estos aspectos polares, ambos estilos de organización convergen, sin duda, en un amplio espectro de compromiso y de acto político. Trabajan unidas en jornadas y acciones, elaboran y apoyan propuestas y experimentan la unidad política de propósitos democráticos. Se movilizan también unidas y en gran número en actos propios y en las protestas nacionales.

---

[139] Simone de Beauvoir (1977) destaca en el "Segundo Sexo", los efectos de las ideas de "alteridad" y "dependencia" ligadas al ser mujer, y que fueran consagradas por la filosofía tradicionalista.

Tal vez por eso mismo el enfrentamiento ideológico, cuando surge, aparece cargado de recelos, de estereotipos. La discordancia se hace sólido vértice que abre y separa a lado y lado movimientos, bloques, filas cerradas. Se percibe una clausura del debate y del entendimiento.

¿Qué origina esta desarmonía?: ¿proyectos distintos, inconciliables?; ¿cuestión de métodos, de clases, de interpretación del mundo?

Frente a este quiebre percibo una intriga bastante más profunda que una mera desinteligencia coyuntural. Con más optimismo que claridad instrumental, intentaré examinar ese discurso y análisis.

Ambas, feministas y políticas, parecieran estar de acuerdo y coincidir en un propósito: lograr el reconocimiento de la posibilidad histórico-civilizatoria de la emancipación de la mujer.

En lo que no pareciera haber acuerdo ni pleno ni absoluto, es en los fines, objetivos, métodos, teoría, praxis y prioridades que asume y asumirá la emancipación global de la sociedad. Vale decir, no hay acuerdo en el completo recorrido que habrá de seguir esta emancipación social.

Toda explicación se realiza desde una situación valórica singularizada.

La una –en términos generales– se refiere a la necesidad de un hacer política *desde las mujeres* y a partir de sus propias carencias y alienaciones. La otra, tradicional, sería simplemente *la suma* y la inserción masificada de las mujeres en una propuesta política anterior al planteo de sus necesidades, en el supuesto de que éstas serán incorporadas en el futuro.

La explicación de esta bifurcación en dos polos se encuentra en nuestra historia reciente. Desde las primeras asambleas políticas de mujeres, en donde concurría toda la multiplicidad de grupos y de intenciones políticas de tinte femenino, independientemente de los temas y coyunturas se perfilan constantemente dos asertos: uno, resumido en la frase “No hay feminismo sin democracia”, que significa, en otros términos, que la única movilización posible para las mujeres, AHORA, es el apoyo o el acto de la lucha opositora al gobierno autoritario; que los problemas singulares de la discriminación de la mujer son secundarios a esta prioridad y pueden ser tratados después o *solo si* no entorpecen dicha prioridad. Esta afirmación es sostenida por las mujeres políticas.

El segundo aserto, opuesto al anterior, invierte los términos y pasa a afirmar que "No hay democracia sin feminismo". Descartando las prioridades o contradicciones primarias o secundarias, afirma la naturaleza constitutiva de toda opresión que implica la dominación, discriminación y subordinación de las mujeres en el mundo privado y público. A la vez, muestra que la desconsideración del mundo privado, en un proceso de cambio, ha sacralizado y precipitado a las mujeres dentro de una ideología y una práctica política conservadora. Todo esto, apoyado en cifras de participación y en una historia de adhesión y coherencia con el pensamiento más conservador e inmovilista.

Este aserto denota la posibilidad de hablar, de señalar, *juntas*, todas las opresiones en una nueva síntesis no estratificada desde fuera.

Profundizando con el discurso desarrollado a partir de esta segunda propuesta se diría que, en el inicio, la reflexión feminista surge desde la reflexión sobre la democracia –incautada– y desde una re-valorización y rescate de sus contenidos.

A poco andar, la reflexión lleva a percibir una larga y profunda distancia entre valores y postulados democráticos tales como igualdad, no discriminación, libertad, solidaridad, de una parte, con lo que es vivido y asumido como realidad concreta singular, por la otra.

A partir de la diferencia entre lo postulado y lo vivido, las mujeres reconocemos, constatamos, que nuestra experiencia cotidiana concreta *es el autoritarismo*. Que las mujeres viven –han vivido siempre– el autoritarismo en el interior de la familia, su ámbito reconocido de trabajo y de experiencia. Que lo que allí se estructura e institucionaliza es precisamente la autoridad indiscutida del jefe de familia, del padre, la discriminación y subordinación de género, la jerarquía y el disciplinamiento de un orden vertical, impuesto como natural, y que más tarde se verá proyectado en todo el acontecer social.

Esto nos lleva a constatar que hay *dos áreas* o ámbitos de acción en relación a lo político, tajantemente separados y excluyentes entre sí en virtud de los géneros sexuales, división "natural" que no es originada por el régimen autoritario que segó la democracia. Por el contrario, es anterior a ella, con rango de civilización.

Estos ámbitos, como se ha dicho, son lo *público*, con su dominio de lo político y su posibilidad de acceder al planteo y la búsqueda de la libertad, y lo *privado*, sólidamente asentado en lo doméstico y lo necesario.[140] El hacer de las mujeres, como grupo o categoría cultural, se instalaba en ese privado. En lo "privado de...", en la marginalidad política.

Desde los partidos políticos, de mayor o menor progresismo, de esbozado o acabado proyecto de cambio social, el hacer político de las mujeres es siempre visto como el problema de los obstáculos o a su incorporación o al apoyo a modelos tácticos o estratégicos. Para la tendencia feminista, el planteo se refiere conflictivamente a establecer el sentido y significado del hacer política como ya mencionábamos, desde una identidad negada, no constituida.

Al plantear *lo privado como susceptible de ser visto políticamente* –en tanto problema del hacer social– se producen, simultáneamente dos fenómenos: en primer lugar, la percepción de lo estrecho, por una parte, de la actual dimensión político-pública y, por la otra, de la concepción de quiénes son sujetos y actores políticos virtuales, si enfocamos el tema desde una pretensión de recuperación democrática. En segundo lugar, vemos un fenómeno de ampliación y de complejización del campo de lo político: por una parte, se incorpora a lo político el ámbito de la necesidad y, por otra, a las mujeres como nuevos sujetos de la política, en tanto objeto sobre el que recaía el mundo de la necesidad.[141] Se incorporan además nuevos temas, nuevas formas de aproximarse a la problemática social, política y económica.

Se replantea la producción y la reproducción humana, incluyendo la reproducción doméstica; las formas vigentes y sentido de la participación social y la exclusión; la incorporación de demandas no-tradicionales a los modelos políticos; la invisibilidad –causas y consecuencias– de ciertos conflictos

---

[140] Ver: Arendt, Hannah (1974).

[141] Sobre el concepto de "necesidad", ver Heller, Agnes (1977).

como la violencia sexual y doméstica, la prostitución, los abusos en la planificación familiar, etc., ya que, desde una perspectiva feminista, estos problemas-conflictos son considerados como *verdaderas violaciones* a los Derechos Humanos de las mujeres.

También se considera el planteo de la mujer como sujeto político de derechos individuales versus el conservadurismo inducido cultural y políticamente, visto este último rasgo como el efecto inevitable de un modo de hacer política de tinte autoritario, patriarcal e histórico, y la búsqueda de las posibilidades y condiciones de revertirlo mediante un cambio cultural.

Ahora bien, enfrentar estos últimos dos fenómenos –ampliación y complejización del campo político–, acarrea no menudos problemas al hacer feminista. Señalaré dos de los más intrincados nudos o problemas recurrentes y difíciles de abordar y solucionar para el feminismo, asumido éste como el hacer política desde las mujeres. La selección arbitraria de estas dos categorías de problemas, entre tantos otros, obedece a su mayor capacidad potencial, asignada, de otorgar sentido a las orientaciones y prácticas políticas de los grupos de mujeres.

Se trata, en síntesis, del nudo del *saber* seguido del nudo del *poder*.

Estos nudos son parte de un movimiento vivo, por esa exigencia de revolución transformadora e insoslayable –si no se recurre a la destrucción– que indudablemente también poseen.

El nudo del conocimiento es harto viejo y debatido, sobre todo cuando se le contrapone al privilegio de la riqueza, a la inocencia de la pobreza social o a la urgente responsabilidad de actuar y no más interpretar. Hemos elegido mirar el nudo del conocimiento desde la perspectiva de Foucault. Él afirma que hablar del conocimiento desde la marginalidad es hablar, simultáneamente, de una voluntad de saber, de un *querer-saber*. Este querer saber lo contrapone a la violencia de las ideas admitidas, del partido tomado que se apropia de la verdad y que desplaza a su contrario al error, dejándolo allí instalado (violencia idealista, la llamó Sartre).

Hay, entonces, una necesidad de elaborar o recuperar el saber para sí, desde el feminismo. El querer-saber surge cuando se constata la no-correspondencia entre los valores postulados por el sistema y las experiencias concretas reales humanas.

Para las mujeres, los valores de Igualdad, Fraternidad, Democracia, son vividos como desigualdad, opresión y discriminación. El querer saber se parece a la rebeldía. Obviamente, esto *no lo sabemos* de inmediato. Hay un largo y dificultoso camino por hacer, antes de reconocerlo en la propia conciencia. Fundamentalmente, porque el saber oficial transmitido adopta siempre una apariencia buena, positiva, pero que en la realidad de las cosas funciona de acuerdo a todo un juego de represión y exclusión: exclusión de aquéllos que no tienen derecho a saber. Y cuando estos últimos, desde el mundo privado, desde el trabajo, desde la necesidad, acceden al saber, lo hacen por la vía del conformismo. Por un puro conformismo político se acepta saber *solo* un determinado número de cosas y *no* otras. Por ejemplo, ¿quiénes de nosotras no hemos dicho u oído: –"a nosotras no nos interesa el poder"? Neto conformismo político.

No se acepta como verdadero que las mujeres luchen por el poder. "Es un error" –se nos dice en todos los tonos– y claro que lo es: en el sentido del saber de "partido-tomado".

Como primera consecuencia de este saber no recuperado respecto del poder, es que las mujeres aceptamos, primero, no luchar nunca por el poder, despreciarlo, Segundo, aceptamos organizar, plantear y producir las luchas por algo: la maternidad en función de la salud, de los hijos; el trabajo, para los compañeros, etc., no como una lucha para adquirir, re-integrar-nos, hacer nuestro el ejercicio de esos derechos, *para nosotras*.

Se ha producido con respecto de las mujeres, como con otras categorías marginadas, una expropiación del saber. Y tal vez por eso en ocasiones el saber recreado por las mujeres presenta aires de "*bricolage*": se toman conceptos de otros saberes y contextos, atribuyéndoseles un sentido diferente. La re-apropiación –irreverente quizá– no tiene tal vez más sentido que cambiar unas mismas notas en una nueva disposición: una otra clave que resuena mejor en la nueva armonía. No se trata así de una otra verdad instalada.

Sin embargo, son fuertes y cargados los conflictos que esta situación de marginalidad con respecto al saber produce entre las feministas. En cierto modo, no existe un modelo alternativo y eternamente válido para cuestionar el paradigma del saber patriarcal con que se nos ha vestido y engalanado.

Sin embargo, todo lo que hacemos y emprendemos con nuestro paradigma en perpetua revisión, tiene efectos mediatos e inmediatos en muchas otras mujeres; por lo tanto, es aquí donde incorporamos la idea de responsabilidad política.

Una parte considerable de este saber re-apropiado –con las dificultades inherentes a lo que significa abrirse espacios, ensanchar conceptos– se ha expresado en muchas investigaciones feministas. Esta investigación ha descubierto, *sabe*, de abusos flagrantes contra la mujer. Sin embargo, rara vez y dificultosamente estos abusos constituyen la base de demandas concretas del movimiento. Tal vez se las considere poco políticas, como la carga esclava del trabajo doméstico, la sobreexplotación de trabajos informales, la prostitución de adultas e infantes, el aborto con sus siniestras secuelas derivadas del clandestinaje, la incapacidad civil y ciudadana, consideradas la violencia doméstica. O el ser "dependientes" y "no importantes", como toda problemática que excede el ámbito económico o político público.

El hacer feminista muchas veces se separa de lo que su saber descubre y descifra. En todo caso, conviene recordar la extrema ligazón entre ambos.

Revisemos el nudo del poder.

¿Qué significados recorren este nudo? ¿Cómo se relacionan con el hacer de las mujeres, con el saber, con su política?

Tal vez lo más significativo del tema del poder dentro del feminismo radique precisamente en su *ausencia*.

En el problema del poder y en su práctica, las mujeres somos las grandes ausentes. El discurso del poder solo es válido en la esfera patriarcal y se expresa con una rápida derivación del poder público –poder político–, poder del Estado y, en su dimensión social, poder de grupos, de clases, de sectores. Son los caminos permitidos. Para la esfera privada (las mujeres) se habla del "otro poder", el poder de la casa, del afecto. "Son los más importantes", se nos asegura. Y allí estamos: con serias dificultades para asumirlo cuando nos precipitamos en la esfera pública. Si algo anda mal entre nosotras, es que alguien se está tomando el poder. Lo tachamos de malo, le asignarnos una esencia ética negativa y no queremos volver a hablar del asunto.

Pero, ¿qué es el poder?, ¿cómo romper los cerrojos y avanzar en este nudo?

En primer lugar, el poder *no es*, el poder *se ejerce. Y se ejerce* en actos, en verbo. *No* es una esencia. Nadie puede tomar el poder y guardarlo en una cajita fuerte. Conservar el poder no es tenerlo a cubierto, ni preservarlo de elementos extraños, es *ejercerlo continuamente*; es transformarlo en actos repetidos o simultáneos de hacer, y de hacer que otros hagan o piensen. Tomarse el poder es tomarse la acción –la idea y el acto–, acto frecuentemente afincado en fuerza y violencia. Tal vez de ahí nuestro rechazo y distancia.

Como resultado de años y años de cultura patriarcal en la mujer, se ha obstruido totalmente el deseo de poder (recordemos: querer saber- querer hacer). No lo desea para sí, se autoexcluye de la posibilidad de tomarlo; no discute siquiera. Lo considera algo que está fuera (¿fuera de qué o cuál adentro?).

El camino que vislumbraron los estudiantes del Mayo francés para cuestionar en grande al poder (y que haremos nuestro) fue, primero el des-sometimiento de la propia voluntad, y consistió en *deslegitimar* aquello que nos está privando, privación que se nos impone desde una situación de privilegio. Esta situación de privilegio es, para nosotras, el patriarcado.

En segundo lugar, se trata de *liberar al propio sujeto* mediante un ataque cultural, ataque que consiste en la supresión y la negación de los tabúes y las limitaciones sexuales, las separaciones y encasillamientos arbitrarios, para devolver la práctica sexual al ámbito de la libertad de opción.

Por último, poner en vigencia prácticas de ruptura de la individualidad normativa. Buen ejemplo de ello es la proliferación de los grupos de mujeres que acometen múltiples tareas con el sentido común de la ruptura de la atomización y la privatización de las relaciones personales y familiares.

Para terminar este punto, recordemos, que no se puede hablar del poder sin mencionar a su contraparte necesaria: la responsabilidad política.

Un proyecto puesto en el mundo –un hacer– desde que se hace carne y ya no nos pertenece seguirá dinámicas propias. Esto produce ciertos efectos. Por una parte, el hacer ya hecho acto, adquiere vida propia, se independiza. Por la otra, desde que lo lanzamos somos responsables por él, cualidad inescapable del hacer política.

Otro nudo importante de destacar, es el *nudo feminista político*, nudo que surge del hecho de que todo lugar, casa, organización o grupo de mujeres, aunque no se lo haya expresado o manifestado previamente, es en sí, casi objetivamente, un *espacio político de las mujeres*, tanto en la acepción más amplia de la palabra, como en el reino de lo que es sentido común. Esto es explícita o implícitamente aceptado más allá del ámbito de las militantes feministas: me refiero en particular a las mujeres que provienen de organizaciones políticas partidarias y que no siempre, ni necesariamente, adhieren a los planteos de la emancipación de la mujer, pero que sin embargo –digámoslo brevemente– han pre-visto en la mujer un campo a ser desarrollado o incorporado de las más diversas formas al quehacer político.

Esta cualidad de espacio político atribuido a los grupos de mujeres ha sido captada por las mujeres de partido *aun antes* de que las mismas feministas lo hiciéramos consciente. Acostumbradas al escaso interés que ellas han demostrado en asistir a los trabajos grupales, a los talleres feministas, tendemos a atribuir su presencia generalizada en los encuentros de mujeres a motivaciones subterráneas de manipulación y control partidario.

La percepción de espacio político, por una parte, y la suspicacia de verse amenazadas, por la otra, transforman inmediatamente a ese espacio en un espacio disputado, peleado con airecillo de botín de vencedoras. Para las mujeres políticas hay una cierta impresión de que ese espacio está lleno de mujeres, pero vacío políticamente. Es natural y fácil, entonces, que sea mirado con la codicia de una cancha por rayar y de estrategias por constituir y administrar según las reglas del juego que se prefiera.

Como no se trata en este momento de dar a los nudos una solución de partido tomado –ni siquiera del nuestro–, trataremos de no caer en la tentación de adjudicarle brutalmente al discurso de las interlocutoras políticas, significaciones inmediatas, objetivas, que pudiesen parecer condenatorias. Busquemos, mejor, saber las posibilidades de desarrollo que están inscritas en esas conductas presentes.

Para este problema parece oportuna una pequeña premisa sartreana: "Cualquier conducta puede hacer converger dos miradas, la mía y la del prójimo/prójima; la conducta, precisamente, no presentará la misma estructura en un caso y en el otro". Consideremos entonces que habrá, respecto de las políticas, dos conductas –a lo menos– desde las que puede desplazarse el análisis: la suya y la nuestra.

El nudo, mirando la conducta de nuestro sujeto (las mujeres políticas en los grupos de mujeres de la oposición), comienza por el hecho de que, desde las ideologías de izquierda, la única teoría que se acerca a, o permite enfocar a la mujer en un tono político progresista, es la teoría del proletariado. Se trata, eso sí, del término mujer adjetivado por lo popular, que, paradojalmente, niega a las mujeres proletarias su presente cotidiano de *género* en virtud de su futuro como *clase*.

Habría entonces, y desde esta perspectiva, una postergación –por no usar aquello de descalificación teórica y práctica del tema-mujer y de la organización-mujer– que permite y que abre el camino para considerar, mirar, a las concentraciones de mujeres, sean públicas o privadas, grandes o pequeñas, no solo como vacío teórico, sino también como espacio/terreno apto para implantar la semilla política.

Esta forma de expresión de la participación militante no feminista en los espacios feministas, plantea a estas últimas el siguiente dilema: ¿se está frente a una pura intromisión indebida, o frente a un expresado intento de diálogo? Y, ¿es posible este último, si las ópticas ya están constituidas previamente?

El nudo pareciera inconciliable.

Las reacciones feministas inmediatas no demoran, se bifurcan; algunas optan por defender lo propio: cerrar, cerrarse en encuentros reducidos, exclusivamente feministas, donde se pueda *avanzar* en la elaboración de una política, de estrategias y tácticas; otras prefieren no caer en el grupo cerrado, *ghetto*: amplitud de la convocatoria y llegada de muchas mujeres que conjuguen lo verbos dialogar, polemizar, participar... Correr los riesgos de toda amplitud (¿acaso no era yo una de "ellas"?).

El debate en este punto puede complicarse aun más o ser fructífero, pero quisiera referirme a otro sentido que se vislumbra detrás del nudo feministas-políticas. Persisto en creer que detrás de todo esto (llámese manipulaciones, intromisión, etc.) hay un enigma sólidamente estructurado, muy difícil de desagregar.

Siempre me he sentido muy impresionada por las mujeres políticas que exhiben en su modo de ser cultural e ideológico, una marcada satisfacción por los *resultados* que les es posible obtener al aplicar rigurosamente su metodología de análisis y su teoría explicativa de globalidad.

Tampoco creo para nada que lo radicalmente riguroso sea la alternativa exclusiva de una postura crítica feminista.

Preferible me parece el camino alegre de la constante puesta a prueba, un ir y venir en la interpretación de los conflictos, de las facetas de los conflictos o de los nudos.

Ni el nudo del poder, ni el del saber, ni el del feminismo con la política se agota en los breves punteos que hemos intentado.

Solamente hemos querido ir un poco más allá de la maniobra o del funcionalismo de determinadas concepciones y acciones. Más bien nos inscribimos en la ruta de reflexión que postula que las diversas posiciones ideológicas y las soluciones dadas al problema de la mujer y la política significan que se ha definido de diferente manera el conflicto que plantea la subordinación de géneros y que, consecuentemente, se han dado diversas soluciones.

Una base positiva de análisis y comparación podría encontrarse precisamente en los mecanismos que los dos grupos o polos han elaborado socialmente para plantear sus problemas y soluciones. Esto evitaría la supervivencia de una situación tipo Guerra Fría, o guerra de nervios, en que cada polo pareciera ejecutar actos o difundir noticias alarmantes para el adversario, obligándole a estar siempre atento, siempre presente, pensando en la inminencia de la verdadera guerra o del enfrentamiento aniquilador.

3. Los nudos de la sabiduría feminista[142]

"Todo fue distinto después de Lima", dijo M.

En más de un sentido y con distintos predicados escuché varias veces esta frase, ya de vuelta en el oscurecido país que nos ha tocado en suerte, donde reivindicar a la mujer en feminismo suele parecer extemporáneo de cara a la negación brutal de la sobrevivencia humana, y frente al absurdo de la criminalización de toda práctica política encaminada a defenderla.

Pero es que en verdad en Lima se había producido algo distinto y no solo para unas cuántas chilenas. Que mujeres latinoamericanas rasgasen las cortinas nacionales para decir de mil maneras y lenguajes la validez de su ruptura y de su emancipación; que sin importar de qué lugar se proviniese –si de los procesos duros en que se asienta agudamente la violencia política o si de los otros, enmarañados en tramas más sutiles–, el hecho cierto de que una gran cantidad de mujeres latinoamericanas y caribeñas (en número aproximado de seiscientas) se reunieran en Lima, con el solo gran acuerdo previo de su mutua presencia..., todo eso estaba hablando a las claras de otra manera de hilvanar la trama para la liberación de nuestra historia.

---

[142] Nota de la 1ª Edición: Del texto "Los nudos de la sabiduría feminista" (Kirkwood, J., 1984a). Presentación del texto original (p. 2-3): "Con ocasión de la edición de un libro que reuniese los materiales del II Encuentro Feminista Latinoamericano y del Caribe, ISIS Internacional me pidió un artículo referido al evento. Me pareció natural y obvio, entonces, iniciarlo con las propias impresiones personales y experienciales sin mayor preocupación por las formas del lenguaje; y desde allí ensayar –también sin mayor compulsión por los términos– el análisis de algunos aspectos en una semi-traducción a la trama teórica conocida y compartida. Parecía perfectamente claro que así debía ser "entre nosotras", y, en la etapa de desarrollo del feminismo en que se ve imperativo reintegrar la vida con las ideas que se tienen de la vida, la dimensión de lo privado con la percepción de lo público..., para hacer de todo ello una experiencia comunicable al resto del mundo. "En el primer intento de puesta a prueba del texto que sigue en el ámbito académico institucional de la ciencia social, percibí la dificultad y el asombro –el escozor– que provocaba esa mezcla de discursos y la intromisión de temas no formales en la formalidad del saber.

"Surgió entonces la idea de recurrir al Vitalismo y a la Fenomenología como ángulos posibles de interpretación de aquellos intentos que lamen –¿corroen?– la superficie cuasi imperturbable del conocer instituido. Para esa perspectiva habría que elaborar seria y acabadamente referentes muy precisos; más de lo que nos es posible realizar hoy día.

"Por ahora, merodeando modestamente esas ideas, y siguiendo orientaciones que optan por el reconocimiento de los adversarios en el debate, más que por la aniquilación temática del "otro"/"otra", nos propusimos sumar estas páginas feministas a una serie de materiales para la discusión académica.

"El feminismo como práctica y como teoría requiere el aire de la confrontación de las ideas, puesto que no está en sus fines la elaboración de una horrorosa filosofía cerrada; las intelectualidades necesitan recoger los desafíos interpuestos para aprender y expresar responsablemente el sentido de los cambios de rumbo provocados por el hacer social".

Así, sin entrar todavía en la difícil discusión-contradicción de si los avances teórico-ideológicos que se logran en Lima tienen o no correspondencia con la vida práctica presente de las mujeres del continente, me permití reflexionar en estas páginas –superficialmente, temo– sobre parte de lo que allí aconteció y sobre lo que desde entonces me ha estado dando vueltas y vueltas en búsqueda de una explicación.

Una de las características más notables del feminismo contemporáneo es esa suerte de irresponsabilidad para con el paradigma científico y los conceptos que se asumen en su lenguaje. Esa especie de desparpajo en mezclarlo todo, como si se tuviera la certeza de que las tablas de la ley del conocer, por venir tan desde lo alto, se hubiesen hecho añicos en su caída a lo humano y que, en consecuencia, "habría que arreglárselas con lo que tenemos".

Más allá de la insolencia y el arrojo, la libertad y el des-orden que de ello se derivan me resultan muy gratos: proporcionan algo así como una licencia para expresar. (Contemos con la arriscada de narices de las lectoras/lectores de las ideas exactas.)

Esta será, entonces, una reflexión que se pregunta retrospectivamente por los efectos concebibles del II Encuentro Feminista de América Latina y el Caribe, de 1983, y seguramente más que todo por sus efectos políticos posibles.

Efectos políticos de un Encuentro –en sentido existencial– lleno de paradojas, complicaciones, afectos encontrados, descubrimientos, revelaciones, condenas, risas; de sesiones atiborradas de adjetivos, de confusiones, de claridades, alimentado de fundamentos válidos y de los otros, los fundamentos descuidados –recuerdo el dolor y la ira atravesados en el taller de las mujeres negras–; de talleres para el buen sentido, posturas radicales sin/versus posturas reformistas; talleres para el buen tino, vorágines, razón pura de Estado, de partidos y otra vez la risa estallando en comprensiones: una totalidad humana en movimiento.

Recuerdo que no tuve nada que decir entonces y que no dije nada. Pasmada y absorta recorrí paneles, talleres; tuve encuentros de pasillos, mirada de silla de atrás, protagonismo de público, ganas de querer mirarlo y oírlo todo... plenitud de vagabunda, nada me ataba mucho tiempo. Inasible. Solo ir y venir y no más que eso. La aliviada sensación de ver tantas mujeres jóvenes. La continuidad asegurada.

Ya sabía, eso sí, varias cosas: que el movimiento feminista en América tiene casi una década; que quizá no sea idéntico en todos los países, que las circunstancias sociales y estructurales determinan pesadamente su inicio, sus formas, sus expresiones visibles, pero que en todas partes se da o se empieza a dar la conversión de las mujeres en *sujeto*; que por todas partes las mujeres se toman la palabra; que se juntan en jornadas, en grupos, en congresos de la ciudad y el campo; que se organizan y se unen por la política, por la investigación, por la acción; que se separan por la misma política, por la investigación.

Sabía todo esto, pero la mirada y la observación acaparadas, aún no me era necesario ni posible expresar nada.

Paseé y deambulé por los talleres de historia, de poder, de trabajo, de vida cotidiana; me asomé a la investigación, a las estrategias y a la comunicación alternativas y vuelta a la vida cotidiana ya teatralizada. Vi grupos políticos tradicionales, vi pasar-circular documentos. Estuve allí cuando se reunió el exilio con el interior. Hablé poco y comedidamente, y me sumé a más de un discurso. Finalmente me detuve en el taller de sexualidad. Cansada, no pensaba quedarme; me senté en una piedra.

Dos chilenas en mi grupo. "No diré nada", pensé. Muchas otras más, repartidas en pequeños grupos-montoncitos. Escribí y llené aplicadamente mi tarjeta: mi propio análisis sesudo en letra grande repleto de maniobras, de disfraces, de fórmulas de buena crianza.

De pronto, la sorpresa de la lectura colectiva: cada una y todas las tarjetas anónimamente leídas se abrían, reventaban como palomitas de maíz y se instalaban en el asombro. Cambio de colores, de formas, de sentidos. Visión de caleidoscopio, parpadeo, cambio de clave.

Y supe de la enorme e inacabada virtualidad del afecto, del goce y el placer multiplicado y afirmado; de la vitalidad lúdica e irreversible –casi– que se expresaba en el control de la reproducción, del grito "mi cuerpo es mío".

Y en el mismo parpadeo la intuitiva evidencia de la potencialidad y la amenaza: la apropiación habida, la historia cerrada y repetida; el castigo a la subversión en femenino y, de nuevo –al otro lado de los párpados, en el lado oscuro de los ojos–, la síntesis: la enorme magnitud de lo que fue negado cuando se cortó la "primera piedra" que cegó, con rango de civilización, a las mujeres y las instaló luctuosamente, inertes, en *lo oprimido.*

Y en un nuevo golpe de párpados la potencialidad del sexo, placer del juego, de la sonrisa felicidad, de la espontaneidad de la belleza, del despliegue de piernas y de brazos –en número de seiscientas– en arco, movimiento que era en sí libertad pura.

La gestualidad descohibida, las nuevas viejas muecas –el dolor y la cara– vueltas carcajada. Visión fugaz de lo estrecho masculino.

Recuerdo haberme dicho bajito "con este verbo desatado, con esta capacidad de juego en la vida, de placer, de gesto libre, de salto en el vacío de la plenitud de todo deseo... con esto en dominante, en hegemónico, sin cálculo, sin suspensión ni ahorro previo, sin apropiación ni acumulación para suplir vacíos y todo reproducido en maternidades... Con todo esto, es cierto, no se constituyen civilizaciones de la manera conocida..."

¡Porque no hubiese habido tiempo!

El tiempo estaría absorto en la vida que es a la vez acontecimiento, presente, hoy, no mañana ni ayer. Con esta dimensión en hegemonía no se hacen civilizaciones... y recordé el intento fallido de más de seis millones de brujas quemadas por expresar el juego de mezclar la vida con la muerte y la sexualidad con la vida compartida en sentido fugaz y orgiástico, en rito de baile, ángel y demonio, estrella en el cielo (Lilith), luz y oscuridad. Simplemente en una idea inasible como llama, y toda ella sin postulación de eternidad, porque... ¿para qué monumentos?

Todo esto, es claro, no podía decirlo entonces. Era apenas tacto, aroma, una insinuada interpretación del mundo,

Ahora me piden escribir de Lima lo que quiera. Y también quiero el análisis o, más bien, por todo lo anterior es que lo quiero.

El análisis que puede hacerse es simple y parte de la idea gruesa de que *hoy* las mujeres podemos –deseamos– realizar una nueva conciliación con la cultura, con la historia, con el poder.

Parte también de la idea de que deseamos y queremos realizar una nueva conciliación con la sabiduría, porque ¿qué otra cosa si no, es plantear la incorporación triunfal de la *fiesta* a una sociedad generada, planteada y administrada en forma lúgubre?

¿Una sociedad monumental y masculina que nos arrastra –sin goce, sin deseo de plenitud, de llama y vida–, tozudamente, una y otra vez, a sus juegos/fuegos de muerte, de tortura atroz, de aniquilación galáctica?

Razones hay demás para que las mujeres queramos establecer sin dilación esas nuevas conciliaciones.

El desafío de conciliar de otra forma la sabiduría misma nos plantea, desde luego, no menudos problemas; y tal vez por eso fue que en Lima aparecieron tantos conflictos, trampas ciegas, apretados e incógnitos nudos a los que convendría examinar con detención por aquello de sus efectos políticos. Hubo numerosos embrollos de palabras y de ideas, de voluntades, de quehaceres y no-haceres que se atravesaban con frecuencia y persistencia en los diálogos y conversatorios durante, antes y después del Encuentro.

A conflictos innumerables, reflexiones innumerables. Se requiere entonces complejizar desde la forma en que se dieron concretamente los problemas, hasta cómo han sido éstos traspasados al plano de la teorización. Si las palabras me lo permiten, empezaré explicitando algunos de ellos con simplicidad de primer acercamiento.

Los nudos más recurrentes y perceptibles han tenido que ver con el sentido del trayecto feminista entre Bogotá[143] y Lima; con el conocimiento, con la relación entre feministas y políticas, con el Poder, con la relación femenino-feminista; con la cuestión de las estrategias, con la idea de profundización de la acción feminista versus la amplitud de llegada de la misma acción; con opciones varias entre vanguardias y masas, con el encierro en lo personas versus un planteo feminista social; nudos entre partidos y movimientos autónomos. Y el gran nudo síntesis, por supuesto, el de *clase/género*.

Hay otros nudos que dicen referencia netamente a conductas: incomprensión de propósitos, propósitos de manejar-manipular,

[143] Lugar de realización del I Encuentro Feminista de América Latina y el Caribe, 1981.

utilizar, canalizar el movimiento para molinos propios (este nudo casi siempre lleva ligazón con los partidos políticos); nudos de las responsabilidades y faltas de...; cuestiones de liderazgos.

De todo eso, apenas analizaré el nudo de los dos Encuentros; del conocimiento, del poder, de las estrategias, y de la relación feministas/políticas. Por una cuestión de espacio y tiempo, y por una cuestión de opción propia.

Los nudos se pueden deshacer siguiendo la inversa trayectoria, cuidadosamente, con un compromiso de dedos, uñas o lo que se prefiera, con el hilo que hay detrás, para detectar su tamaño y su sentido; o bien los nudos se pueden cortar con prisas de cuchillos o de espadas (tal como Alejandro hiciera con el nudo gordiano) para ganarse por completo y de inmediato el imperio de las cosas en disputa. De aquí surge, creo, la primera brutal divergencia entre conocimiento y poder.

Para dedicarme a los nudos feministas del Encuentro, prefiero el primer camino; pero le agregaré aun otro sentido a la palabra.

La palabra *nudo* también me sugiere tronco, planta, crecimiento, proyección en círculos concéntricos, desarrollo –tal vez ni suave ni armónico, pero envolvente de una intromisión o de un curso indebido, que no lo llamaré escollo– que obliga a la totalidad a una nueva geometría, a un despliegue de las vueltas en dirección distinta, mudante, cambiante, pero esencialmente dinámica. Las formas que entornan y definen a un nudo son distintas, diferentes, no congruentes con otros nudos. Pero todos ellos tienden a adecuar dentro de su ámbito su propio despliegue de movimiento, de modo tal que se unirán mutuamente en algún punto y distancia, imprevisible desde el punto mismo, para formar una nueva y sola continuidad de vida. A través de los nudos feministas vamos conformando la política feminista. Los nudos, entonces, son parte de un movimiento vivo. Así, como tales, he querido pensar los conflictos manifestados en el II Encuentro. Obviamente, me sería imposible e inútil decir que los percibí todos: el árbol feminista está bien plantado y seguirá creciendo. ¿Hasta el advenimiento del leñador? He ahí otra historia.

Nudo Bogotá-Lima. A este nudo me acerco casi con una consigna. No estuve en el I Encuentro y no participé desde la vivencia sino desde una historia recogida a retazos. Mi consigna es que no puede hacerse una Revolución de la vida cotidiana –como la que pretendemos– enfrentándonos a una enorme complejidad de temas y problemas. Con nuestra revolución se levanta una inmensa cantidad de expectativas y muchas de ellas llevan el sello de lo absoluto. No ver al otro, a la otra, es también nuestra escuela.

Dejemos entonces que los encuentros se miren mutuamente: veamos qué tienen de incongruentes y cómo se unen en la unidad del feminismo latinoamericano.

En Bogotá percibo un sentido descubridor. Es la posibilidad de *una primera vez*, una primera apertura al mundo desde el feminismo latinoamericano. Es narrar la utopía revivida para nosotras y para las demás. Tiene la magia de los comienzos y en este sentido es también único, irrepetible. Muchas de las demandas surgidas en Lima, de las quejas, tenían que ver con un recrear la atmósfera, los espacios, los tiempos de Bogotá.

Y con una razón: Bogotá marca el tiempo de la recuperación del espacio para las mujeres. De un espacio muy especial: lo internacional, hasta entonces espacio grave y cerrado, patrimonio de la cultura patriarcal.

Bogotá marca el momento de un desordenado asalto al Orden; el tiempo de trabajo se hace canto y fiesta, la razón es desacralizada y puesta en su lugar; se la vislumbra empobrecida y se la enriquece, y eso es cosa dura.

Bogotá plantea la recuperación de los orígenes: es un embate a la historia, es la totalidad de la ruptura en bruto. Es un decir –casi– "empecemos de nuevo".

Bogotá es la primera experimentación vivida de este gigantesco estar juntas las mujeres. Fue la primera vez en que se reventaron las expectativas.

A Lima, con sus seiscientas mujeres feministas, le correspondió el turno de transformar la posibilidad en *acto*. Y esto nunca se lleva a cabo sin conflicto. La posibilidad, al hacerse carne en la realidad, se multiplica, se complejiza, se hunde en la tierra, se desgrana en hechos, en grupos, en palabras, en pequeñas burocracias. Se administra, se le escapan sentidos de los dedos –"otra cosa es con guitarra"–, se convierte en números. Significa cifras, cuentas por cobrar y pagar, implementación doméstica, bandazos de un poder que nadie –ninguna– quiere tocar.

En fin, en Bogotá sucedió que un gran número de mujeres parió una idea, la echó al mundo… y ya la creatura no nos pertenece. Adquirió vida propia. Podríamos haber craneado, pensado la dirección, pero no podíamos fijar ni determinar su trayectoria. A lo más, saber desde dónde haremos los lanzamientos futuros sucesivos y seguir responsablemente las trayectorias. (Pero esto es, tal vez, porque yo les tengo horror a todas las revoluciones cauteladas.)

Bogotá es el primer planteo –en grado de Continente– cuestionador y radical de las instituciones patriarcales. Es la primera revelación de aquéllas que pública y socialmente se rebelan; primera apertura de conciencia en comunidad donde no importan los porqués ni los cómos. Es, por ello, un primer momento *ético*. Se ha dicho: "Hemos soportado mucho, ya no más" Es una idea colectiva del Bien y del Mal. Es una idea de la Revolución *total* y *ahora*, aunque dure unos instantes, un día, unas horas. Pero queda inscrita en la humanidad. Con sus rasgos.

Después, Lima. El momento de la estructuración luego de la pregunta. El momento de las respuestas y por lo tanto el momento de los nudos. Incluso Lima ha de absorber el nudo original. No podría ser de otra manera. Hay en Lima exigencias de respuesta y planteo de nuevas preguntas complejizadas. Se exige una teoría, una política feminista, estrategias. Exasperación de saberlo todo, exasperación de que no se nos responda todo. Dolor de cabeza.

Pero es en los Encuentros en donde se estará haciendo la forma del movimiento, con su ida y vuelta de la utopía al sentido común, para que así las ideas crezcan y los movimientos sean lo que pretendemos ser y hacer en proyecto; no somos una organización con organigramas y relaciones de mando y de obediencia, con funciones de línea, de jerárquica eficacia. Para estar en el movimiento feminista hay que estar también dispuestas a una cierta ambigüedad.

El nudo del *conocimiento* seguido del nudo del *poder*. Tal como lo proponíamos para la relación entre Bogotá y Lima, sucede que lanzamos algo al mundo, algo que, desde que lo lanzamos, ya no nos pertenece, se ha independizado y ha adquirido vida propia. Pero desde que lo lanzamos, somos responsables por ello. Curiosa tragedia la de la responsabilidad política. Inescapable. Otra cosa sería atribuir los hechos a una Divina Providencia inmanente y omnirresponsable (éste es el gran nudo, en verdad). Parte de este saber re-apropiado, con sus dificultades, se ha expresado en muchas investigaciones feministas –como fue constatado en el taller de Investigación, en Lima.

En todo caso, conviene considerar esta situación cuando se hable del saber, para no reproducir la locura de realizar la acción separada –en este sentido– de la producción del saber. O a la inversa, dejar aislado al saber.

El nudo del saber podría dar lugar a todo un tratado. Así lo espero. Habría que considerar la lingüística, las palabras mismas puestas en género, la subjetividad que lleva incorporado cada conocimiento y cada sistema de conocer, etc... Apenas, en verdad, debí mencionarlo.

Ahora, ¿cuál es el nudo del poder?, ¿cómo se habló de él en Lima?, ¿qué significados lo recorren?

En el II Encuentro, este nudo presenta dos aspectos, Por una parte, están las organizaciones, su labor, su trabajo (permítanme aplaudirlo). Ellas asumieron el *ejercicio del poder hacer*, que fue en verdad una actividad exigente y compleja. Me abstengo de atender a la crítica pertinente en tanto no se mencione la otra parte del compromiso: siento que (y me incluyo) todas descansamos en que alguien (otra) tomaría las riendas, planearía y dirigiría los acontecimientos, cautelaría su desarrollo y respondería por todo. Luego recibiría los laureles y/o las críticas y pasaría sin solución de continuidad la batuta al siguiente colectivo organizador del siguiente Encuentro en Brasil.

Esto nos ha permitido –y nos permitirá– seguir hablando de Colombia, de Lima, de Brasil (¿alguna vez en Chile?), como de unas fiestas a las que fuimos invitadas, con la plena libertad de *las invitadas* para acceder al buen trato, a la hospitalidad del huésped y al análisis exigente o despiadado. La mirada de afuera de quien llega a instalarse a la mesa ya puesta.

Pero otra cosa es *asumir el hacer* como poder compartido. Saber y aceptar que sabemos; que este saber no puede ser ejercido si no lo es con la responsabilidad plena del sujeto que sabe que siempre se le pasará la cuenta por su acción.

Pero se está poco habituada al poder si se es mujer. No se tiene hábitos si no se tiene práctica, y si por práctica entendemos el ejercicio de un arte o facultad, habría que mirar al poder como el ejercicio del arte de hacer.

Dejaremos el poder en este punto, puesto que ya empieza a mezclársenos con la práctica de la política.

Nudo feminista político. Nudo que surge del hecho de que ciertamente un encuentro feminista, aunque no se lo haya expresado o manifestado previamente, es en sí, casi objetivamente, un *espacio político* de las mujeres.

Busquemos conocer las posibilidades de desarrollo que están inscritas en las conductas presentes. Retrasemos el instante del juicio y de la clasificación definitiva. Desenredemos el nudo en lugar de bautizarlo en ausencia.

La pregunta repetida y recurrente en esos días del Encuentro y también ahora ha sido: ¿por qué acuden las mujeres políticas a los encuentros feministas? La primera respuesta, antes y ahora, surge de lo obvio: "para llevar su mensaje". Descontada la atribución de tácticas para el uso y la dilación, miremos lo obvio que está detrás de lo obvio: las políticas van a los Encuentros Feministas, pero *no quieren aceptar que van.*

Se instalan en ese espacio para cuestionarlo todo desde la política global; replantean todos los temas, rechazando compromisos viscerales "qua" mujeres. En verdad, no quieren romper el instante en que se sienten –son– pura conciencia de clase.

Pero he ahí que han desplazado sus cuerpos, están en los talleres metidas con mujeres y con temas de mujeres; están en los conversatorios, se les escapan los pies en los bailes y las palmas en los cantos. Viven, conviven con sus semejantes, no se marginan. Simultáneamente, sacan documentos de pasillos –encuentros en el Encuentro, estado dentro del Estado– que luego y por obra de su presentación en Asamblea y por gracia de la sorpresa atónita de las otras –ahora las feministas–, transformarán en *el documento* a ser debatido en la sesión final, de clausura.

Sí. Simultáneamente, con el deseo de estar ahí, querrán arrastrar a las otras a las solas disquisiciones de lo popular, la clase, la lucha, la innombrable burguesía grande y la pequeña, la atroz. Se habrá conjurado la reactivación en lo político de lo privado, se habrá abierto el camino de la culpa y la fiesta clausurada.

Es así como las políticas habrán cumplido a cabalidad el divorcio entre su condición de género femenino –su cuerpo ahí– y su discurso racional y sancionado. El orden se ha reinstaurado.

Detengámonos en la parte de acá de este divorcio: la *presencia* de las mujeres políticas, que es un *hecho*, un acontecimiento que no admite ni consiente en que está allí. Para ello usarán sucesivamente diversos procedimientos.

El acto de no asumir dos aspectos que existen, que están allí en una sola presencia humana: los hechos, el cuerpo físico puesto en el Encuentro y sus vicisitudes, por una parte; la idea, el discurso y la voluntad asimilada a la idea, por la otra, es lo que Sartre definió como "la mala fe".

La mala fe es, básicamente, negar una evidencia que se está viviendo, sin experimentarla ni aceptarla como tal y, simultáneamente, autoengañarse, refugiarse, en reemplazo, en una construcción idealista que protege y que ampara de la presencia del cuerpo desmesurado.

Y ahí sucede que se está… pero que no se está. La mala fe no engaña a los demás, es distinta de la mentira. La mala fe es tal porque solo se engaña a sí misma. La mala fe se hace evidente, se hace manifiesta en la presencia divorciada del discurso. La mala fe lleva inscrito en la frente: "Queremos estar ahí como mujeres, pero no lo reconoceremos".

Se está ahí en una presencia inerte.

¿Hasta cuándo? ¿Cuándo es que la conciencia sortea el engaño de sí misma? ¿Cuándo logra juntar sus vivencias con la imagen querida y admitida del mundo y con el cuestionamiento de su lugar en el mundo?

Habrá que dejar una pregunta abierta.

Y también, arbitrariamente, habrá que poner un punto final a estas consideraciones. Quisiera hacerlo formulando un deseo y una pregunta.

Mi deseo es que el armisticio entre feministas y políticas no pase jamás por el parto de algo así como un realismo feminista que descarte –negándolo– todo aquello que sea *exterior* a la vivencia pura de lo oprimido femenino.

Es decir, que para denostar la pésima síntesis cultural que nos exige ser o cuerpo o idea, nos precipitemos absolutamente al cuerpo-emoción que somos, negándonos la simultaneidad de seres pensantes sociales que somos.

Y la pregunta: ¿qué habrá querido decir M., felizmente comprometida con el lado izquierdo de la política, cuando dijo que todo era distinto después de Lima?

Bibliografía

ARENDT, HANNAH. *La condición humana.* Barcelona: Editorial Seix Barral, 1974.

BAÑO, RODRIGO; ENZO FALETTO Y JULIETA KIRKWODD. "Evolución del proyecto político popular alternativo". Informe a PISPAL. Santiago: FLACSO, 1978.

BARROS, MARTINA. "El voto femenino", en *Revista Chilena,* año I, vol. II, Nº IX, pp. 392-393, 1917.

BEAUVOIR, SIMONE DE. *El segundo sexo.* Buenos Aires: Editorial Siglo XX, 1977.

CAFFARENA, ELENA. *Algo acerca del Proyecto de Ley sobre el voto femenino.* Santiago: Editorial Zig-Zag, 1945.

__________. *Un capítulo en la historia del feminismo.* Santiago: Ediciones MEMCH, 1952.

__________. "Luis Emilio Recabarren". Diario *El Siglo,* Chile, 1953.

CAMUS, ALBERT. *El hombre rebelde.* Buenos Aires: Editorial Losada, 1960.

COVARRUBIAS, PAZ. "El movimiento feminista chileno", en Covarrubias, P. y R. Franco (comp.): *Chile, Mujer y Sociedad.* Santiago: UNICEF, 1978.

ELEJABEITÍA, CARMEN DE. "El patriarcado y la producción de la reproducción". *Jornadas de Estudio sobre el Patriarcado.* Barcelona: Universidad Autónoma de Barcelona, 1980.

FALETTO ENZO. *Clases, crisis política y el problema del socialismo en Chile*. Santiago: FLACSO-Chile, Escuela Latinoamericana de Sociología (ELAS), 1974.

__________. *Notas sobre estilos alternativos de desarrollo, política y movimientos sociales* (primera versión). Santiago: FLACSO, 1982.

FALETTO, ENZO Y EDUARDO RUIZ (): *Conflicto político y estructura social en Chile hoy*. México: Editorial Siglo XXI, 1970.

FALETTO, E.; E. RUIZ, Y H. ZEMELMAN. *Génesis histórica del proceso chileno*. Santiago: Editorial Quimantú, 1971.

FOUCAULT, MICHEL. *Un diálogo sobre el poder y otras conversaciones*. Madrid: Alianza Editorial, 1981.

HELLER, AGNES. *Teoría de las necesidades en Marx*. Barcelona: Editorial Península, 1977.

__________. *Sociología de la vida cotidiana*. Barcelona: Editorial Península, 1977a.

KLIMPEL, FELICITAS. *La mujer chilena: el aporte femenino al progreso de Chile, 1910-1960*. Santiago: Editorial Andrés Bello, 1962.

LABARCA, AMANDA. *Feminismo contemporáneo*. Santiago: Editorial Zig-Zag, 1947.

LAFERTTE, ELÍAS. *Vida de un comunista*. Santiago: Editorial Austral, 1971.

LARRAÍN, CRISTINA. *Catastro de organizaciones femeninas de Gobierno*. Santiago: Instituto Chileno de Estudios Humanísticos, 1982.

LECHNER, NORBERT Y SUSANA LEVY. "Notas sobre la vida cotidiana III: el disciplinamiento de la mujer". *Material de discusión* N° 57. Santiago: FLACSO-Chile, 1984.

LEFEBVRE, HENRY. *La revolución urbana*. Madrid: Alianza Editorial, 1972.

LUKÁCS, GEORGE. *Historia y conciencia de clases*. México: Editorial Grijalbo, 1969.

Merleau-Ponty, Maurice. *Humanismo y terror*. Buenos Aires: Editorial Leviatán, 1956.

Mitchell, Juliet. *La condición de la mujer*. México: Editorial Extemporánea, 1974.

Munizaga, Giselle. *Políticas de comunicación bajo regímenes autoritarios: el caso de Chile*. Santiago: CENECA, 1981.

Oakley, Ann. *La mujer discriminada. Biología y sociedad*. Madrid: Editorial Debate, 1977.

Ortiz, Eduardo. "Dossier: 1931, por qué cayó Ibáñez". En: Revista *APSI*, Nº 102 junio-julio, Santiago de Chile, 1981.

Rowbotham, Sheila. *Feminismo y revolución*. Madrid: Editorial Debate, 1978.

Sartre, Jean-Paul. *Crítica de la razón dialéctica*. Buenos Aires: Editorial Losada, 1963.

__________. *Realidad social y expresión política*. Buenos Aires: Editorial Síntesis, 1976.

Touraine, Alain. *Introducción a la sociología*. Madrid: Editorial Ariel, 1978.

Vergara, Marta. *Memorias de una mujer irreverente*. Santiago: Editorial Gabriela Mistral, 1974.

Vial, Gonzalo. *Historia de Chile 1891-1973*, Volumen I, Tomos 1 y 2. Santiago: Editorial Santillana del Pacífico, 1981.

Revistas y periódicos consultados

– *Acción Femenina*. Órgano oficial del Partido Cívico Femenino, Santiago, 1922-1939.

– *El Despertar de los Trabajadores*, Iquique, 1912-1927.

– *El Diario Ilustrado*, varios períodos.

– *El Mercurio*, varios períodos.

– *Ercilla*, Santiago, varios períodos.

– *Eva*. Revista femenina tradicional, varios períodos.

– *Familia*, 1922.

– *La Mujer Nueva*. Órgano oficial del Movimiento Pro Emancipación de la Mujer, Santiago, 1935-1941.

– *La Tribuna*. Santiago, 1917.

– *Mujeres de América*. Santiago, 1949-1951.

– *Orientación*. Revista oficial de FECHIF, 1949

– *Revista Chilena*. Santiago, 1917-1918.

Bibliografía de Julieta Kirkwood

"La formación de la conciencia feminista en Chile". *Material de Discusión* Nº 7, 12 p. Santiago: FLACSO-Santiago, 1980.

"Chile: la mujer en la formulación política". *Documento de Trabajo* Nº 109, 16 p. Santiago: FLACSO-Santiago, 1981.

"Investigación de la mujer en Chile"; ponencia presentada al 1er. Seminario Regional Latinoamericano de Programas de Estudios sobre la Mujer en Río de Janeiro, Brasil, organizado por NEM (PUC) y auspiciado por UNESCO, 1981a.

"Ser política en Chile: las Feministas y los partidos". *Documento de Trabajo* Nº 143. Santiago: FLACSO-Santiago, 1982.

"Feminismo y participación política en Chile". *Material de Discusión* Nº 159. Santiago: FLACSO-Santiago, 1982a.

"La política del feminismo en Chile". *Documento de Trabajo* Nº 183. Santiago: FLACSO-Santiago, 1983.

"El feminismo como negación del autoritarismo". *Documento de Discusión* Nº 52. Santiago: FLACSO-Santiago, 1983a.

"Feministas y Políticas", *Material de Discusión* N° 63. Santiago: FLACSO-Santiago, 1984.

"Los nudos de la sabiduría feminista", *Material de Discusión* N° 64. Santiago: FLACSO-Santiago, 1984a.

Índice

Donde hay amor, hay vida. Mahatma Gandhi

ESTE LIBRO HA SIDO POSIBLE POR EL TRABAJO DE

COMITÉ EDITORIAL Silvia Aguilera, Mario Garcés, Luis Alberto Mansilla, Tomás Moulian, Naín Nómez, Jorge Guzmán, Julio Pinto, Paulo Slachevsky, Hernán Soto, José Leandro Urbina, Verónica Zondek, Ximena Valdés, Santiago Santa Cruz **EN LA EDICIÓN** Florencia Velasco, Candelaria Cortés-Monroy **PRODUCCIÓN EDITORIAL** Guillermo Bustamante **PROYECTOS** Ignacio Aguilera **DISEÑO Y DIAGRAMACIÓN EDITORIAL** Alejandro Millapan, Leonardo Flores **CORRECCIÓN DE PRUEBAS** Raúl Cáceres **DISTRIBUCIÓN** Nikos Matsiordas **COMUNIDAD DE LECTORES** Francisco Miranda, Marcelo Reyes **VENTAS** Elba Blamey, Luis Fre, Marcelo Melo, Olga Herrera **BODEGA** Francisco Cerda, Pedro Morales, María Loreto Baquedano, Carlos Villarroel **LIBRERÍAS** Nora Carreño, Ernesto Córdova **COMERCIAL GRÁFICA LOM** Juan Aguilera, Danilo Ramírez, Inés Altamirano, Eduardo Yáñez **SERVICIO AL CLIENTE** Elizardo Aguilera, José Lizana, Ingrid Rivas **DISEÑO Y DIAGRAMACIÓN COMPUTACIONAL** Nacor Quiñones, Luis Ugalde, Jessica Ibaceta **SECRETARIA COMERCIAL** Elioska Molina **PRODUCCIÓN IMPRENTA** Carlos Aguilera, Gabriel Muñoz **SECRETARIA IMPRENTA** Jasmín Alfaro **IMPRESIÓN DIGITAL** William Tobar, Carolay Saldías **PREPRENSA DIGITAL** Daniel Véjar **IMPRESIÓN OFFSET** Rodrigo Véliz **ENCUADERNACIÓN** Ana Escudero, Andrés Rivera, Edith Zapata, Juan Ovalle, Pedro Villagra, Eduardo Tobar **DESPACHO** Nora Grau, Cristóbal Ferrada, Matías Sepúlveda **MANTENCIÓN** Jaime Arel **ADMINISTRACIÓN** Mirtha Ávila, Alejandra Bustos, Andrea Veas, César Delgado.

LOM EDICIONES